TARÔ EGÍPCIO KIER

Dados Internacionais de Catalogação na Publicação (CIP)
(Câmara Brasileira do Livro, SP, Brasil)

Rovira, Bibiana
   Tarô egípcio kier: conhecimento iniciático do livro de Thoth : baseado no simbolismo, na mitologia e nas lendas do Egito / Bibiana Rovira ; tradução Euclides Luiz Calloni, Cleusa Margô Wosgrau. - 2ª ed. - São Paulo: Editora Pensamento Cultrix, 2021.

   Título original: El libro del tarot egipcio
   Bibliografia.
   ISBN 978-65-87236-83-4
   1. Tarô I. Título.

21-57207   CDD-133.32424

Índices para catálogo sistemático:
1. Tarô: Artes divinatórias: 133.32424
Cibele Maria Dias - Bibliotecária - CRB - 8/9427

Bibiana Rovira

TARÔ EGÍPCIO KIER

Conhecimento Iniciático do Livro de Thoth

Tradução:
Euclides Luiz Calloni
Cleusa Margô Wosgrau

*Baseado no Simbolismo, na Mitologia
e nas Lendas do Egito*

Editora Pensamento
SÃO PAULO

Título do original: *El Libro del Tarot Egipcio*.
Copyright © 2009 Editorial Kier S.A., Buenos Aires.
Av. Santa Fe 1260 (C 1059 ABT) Buenos Aires, Argentina.
Copyright da edição brasileira © 2013 Editora Pensamento-Cultrix Ltda.
2ª edição 2021./ 2ª reimpressão 2023.

Esta edição possui capa e embalagem novas, mas o conteúdo do livro se mantém inalterado.

Todos os direitos reservados. Nenhuma parte desta obra pode ser reproduzida ou usada de qualquer forma ou por qualquer meio, eletrônico ou mecânico, inclusive fotocópias, gravações ou sistema de armazenamento em banco de dados, sem permissão por escrito, exceto nos casos de trechos curtos citados em resenhas críticas ou artigos de revistas.

A Editora Pensamento não se responsabiliza por eventuais mudanças ocorridas nos endereços convencionais ou eletrônicos citados neste livro.

Editor: Adilson Silva Ramachandra
Editora de texto: Denise de C. Rocha Delela
Coordenação editorial: Roseli de S. Ferraz
Produção editorial: Indiara Faria Kayo
Assistente de produção: Estela A. Minas
Revisão: Maria Aparecida A. Salmeron e Vivian Miwa Matsushita
Editoração Eletrônica: Fama Editora

Direitos de tradução para o Brasil adquiridos com exclusividade pela
EDITORA PENSAMENTO-CULTRIX LTDA., que se reserva a
propriedade literária desta tradução.
Rua Dr. Mário Vicente, 368 — 04270-000 — São Paulo, SP
Fone: (11) 2066-9000
E-mail: atendimento@editorapensamento.com.br
http://www.editorapensamento.com.br
Foi feito o depósito legal.

Sumário

INTRODUÇÃO 9
A origem 9
  Simbologia geral dos Arcanos 11
    Planos de abrangência 11
    Símbolos contidos 12

ARCANOS MAIORES 15
  O Mago 17
  A Sacerdotisa 19
  A Imperatriz 22
  O Imperador 24
  O Hierarca 26
  A Indecisão 29
  O Triunfo 32
  A Justiça 35
  O Eremita 38
  A Retribuição 40
  A Persuasão 43
  O Apostolado 45
  A Imortalidade 47
  A Temperança 50

A Paixão 52
A Fragilidade 54
A Esperança 56
O Crepúsculo 59
A Inspiração 61
A Ressurreição 63
A Transmutação 65
O Regresso 67

ARCANOS MENORES 69
Arcano 23 – O Lavrador 71
Arcano 24 – A Tecelã 73
Arcano 25 – O Argonauta 75
Arcano 26 – O Prodígio 77
Arcano 27 – O Inesperado 79
Arcano 28 – A Incerteza 81
Arcano 29 – A Domesticidade 83
Arcano 30 – O Intercâmbio 85
Arcano 31 – O Impedimento 87
Arcano 32 – A Magnificência 89
Arcano 33 – A Aliança 91
Arcano 34 – A Inovação 93
Arcano 35 – O Desconsolo 95
Arcano 36 – A Iniciação 97
Arcano 37 – A Arte e a Ciência 99
Arcano 38 – A Duplicidade 101
Arcano 39 – O Testemunho 103
Arcano 40 – O Pressentimento 105
Arcano 41 – O Desassossego 107
Arcano 42 – A Autoridade 109

Arcano 43 – A Ilusão	111
Arcano 44 – O Pensamento	113
Arcano 45 – A Regeneração	115
Arcano 46 – O Patrimônio	117
Arcano 47 – A Conjectura	119
Arcano 48 – A Consumação	121
Arcano 49 – A Versatilidade	123
Arcano 50 – A Afinidade	125
Arcano 51 – O Assessoramento	127
Arcano 52 – A Premeditação	129
Arcano 53 – O Ressentimento	131
Arcano 54 – O Exame	133
Arcano 55 – O Arrependimento	135
Arcano 56 – A Peregrinação	137
Arcano 57 – A Rivalidade	139
Arcano 58 – A Recapacitação	141
Arcano 59 – A Revelação	143
Arcano 60 – A Evolução	145
Arcano 61 – A Solidão	147
Arcano 62 – O Banimento	149
Arcano 63 – A Comunhão	151
Arcano 64 – A Veemência	153
Arcano 65 – A Aprendizagem	155
Arcano 66 – A Perplexidade	157
Arcano 67 – A Amizade	159
Arcano 68 – A Especulação	161
Arcano 69 – O Acaso	163
Arcano 70 – A Cooperação	165
Arcano 71 – A Avareza	167
Arcano 72 – A Purificação	169

Arcano 73 – O Amor e o Desejo 171
Arcano 74 – A Oferenda 173
Arcano 75 – A Generosidade 175
Arcano 76 – O Provedor 177
Arcano 77 – A Desorientação 179
Arcano 78 – O Renascimento 181

CONSAGRAÇÃO DOS ARCANOS 183

COMO REALIZAR AS LEITURAS 185
Disposição em Cruz Celta 186
Disposição do Sete Mágico 186
Disposição para o sim e o não 187

BIBLIOGRAFIA 189

Introdução

O Tarô contém as chaves do conhecimento universal, a chave que abre todas as portas. Ele reflete o poder dos números através das letras, das figuras e dos símbolos.

A correspondência simbólica presente em cada Arcano está diretamente relacionada com sua vibração numérica. Os números, dotados de simbologia e representação, são manifestação de uma energia, revelam um estado de consciência e a relação existente entre todas as coisas. Assim, o Tarô é uma linguagem interpretativa com um vasto conteúdo expresso e um profundo conteúdo oculto.

Esse sistema de conhecimento representa a cosmogonia egípcia por meio da qual se desenvolvem conceitos de ordem cósmica, espiritual e material que correspondem ao ser humano e também à natureza.

A origem

Segundo Manly P. Hall, a Grande Pirâmide de Quéops, orientada matematicamente pelos quatro pontos cardeais e precedida pela Esfinge, era não apenas um monumento funerário, mas também um Templo de Iniciação, o "Primeiro Templo dos Mistérios", que conserva na Grande Galeria dos Arcanos Maiores, em forma de lâminas de ouro, as verdades secretas de Hermes Trismegistos reveladas no Grande Livro, o Livro de Thoth.

Segundo muitos pesquisadores, esse livro, escrito com letras e símbolos criptográficos para ter seu conteúdo preservado, deu origem ao Tarô e chegou à Europa no século XV, transformado num conjunto de cartas. Alguns atribuem essa descoberta aos sarracenos, outros aos cruzados, mas de acordo com a versão mais difundida, ela se deve a tribos de ciganos nômades. Talvez levada pelos zíngaros — cuja origem egípcia teria raízes hebraicas —, ela entra na Itália como Tarô de Mantegna, ou cartas de Baldini, e na França como Tarô de Marselha.

Trezentos anos se passaram até Court de Gébelin propor, no século XVIII, a teoria de que o Tarô seria um livro hieroglífico egípcio; após vinte anos de pesquisas, ele descreve a linguagem simbólica dos Arcanos como uma analogia da cosmogonia dos egípcios. Daí em diante, Etteilla, Éliphas Lévi e Papus estabelecem seu valor numérico, deciframonos como alfabeto sagrado e destacam seu aspecto oculto, respectivamente.

Podemos dizer então que o Tarô originário do Egito chega à Europa como um jogo de cartas levado pelos ciganos, para ser revelado e ordenado segundo a valoração numérica dos pitagóricos e o sistema cabalístico dos hebreus.

De acordo com Court de Gébelin, em sua etimologia egípcia, a palavra *Tarô* ou *Rota* significa *Caminho Real da Vida* (Tar: *caminho, via*; Ro: *real, roda*).

Outras acepções em várias línguas nos levam a significados semelhantes:

Taro: *egípcio*, "que faz girar"
Torah: *hebraico*, "lei"
Throa: *hebraico*, "porta"
Rota: *latim*, "roda da vida; o que fala"
Ator: *egípcio*, "a grande mãe"

Para os cabalistas, Tarô devia terminar com a letra T, a fim de incluir a ideia de infinito em seu significado, por isso a palavra "Tarot".

Simbologia geral dos Arcanos

O baralho do Tarô se compõe de **22 Arcanos Maiores** e **56 Arcanos Menores**. O termo **Arcano** significa secreto, e assim a interpretação de cada carta contém uma mensagem ou um ensinamento, de acordo com o nível de consciência do consulente a respeito dos acontecimentos.

Planos de abrangência

Cada Arcano se divide em três planos. Em linhas gerais, o plano superior representa a divindade, o plano médio, o homem e o plano inferior, as forças da natureza. Quando nos referimos particularmente ao homem, o plano superior representa o centro intelectual; o plano médio, o afetivo-volitivo, e o inferior, o físico.

As figuras humanas ocupam o plano médio e podem estar acompanhadas de divindades e símbolos de grande significado.

Os hieróglifos ocupam o plano superior e podem estar acompanhados da escrita hierática ou iniciática. Os cartuchos* e as criptografias podem aparecer tanto no plano superior como no inferior.

Embora os planos sejam separados por linhas, muitas vezes estas assumem formas côncavas ou convexas, o que aumenta o tamanho do plano ou sobrepõe um plano ao outro.

Para compreender melhor o que os Arcanos representam simbolicamente, é conveniente distinguir os três planos delimitados em cada um deles, desse modo:

Plano	Representação	Aspecto	Centros do Homem	Planos do Homem
Superior	Deus	Divino ou espiritual	Intelectual	Mental
Médio	Homem	Humano ou racional	Afetivo — Volitivo	Afetivo — Emocional
Inferior	Universo	Natural ou passional	Instintivo	Físico — Emocional

Símbolos contidos

Os Arcanos contêm símbolos e hieróglifos existentes nos monumentos sagrados egípcios e baseados nos princípios místicos e filosóficos presentes no Livro de Thoth.

A ordem numérica dos Arcanos tem relação com a vibração numérica que cada um deles contém e com as leis, princípios e forças cósmicas que cada um reflete, daí derivando a simbologia geral que encerram.

---

* Na escrita hieroglífica egípcia, moldura oval que continha o nome de um soberano. (N. do E.)

As letras hebraicas e a simbologia numérica da Cabala sintetizam a tradição hebraica e os ensinamentos egípcios recebidos por Moisés, o formulador da lei moral denominada Torá.

As figuras humanas ou de animais podem representar tanto os deuses como os mitos e arquétipos da mencionada cosmogonia. Os vegetais e seus frutos representam tanto o universo como a natureza, com seus ciclos e leis.

As figuras geométricas, os planetas e as cores estabelecem por associação um quadro mais completo que recorre ao inconsciente e é subjacente à alma humana.

Além disso, cada Arcano tem uma associação astrológica com a energia planetária que representa e com os signos do zodíaco.

Quanto à interpretação, ela irá variar de acordo com a posição normal ou invertida do Arcano no momento da leitura.

Como referência, e para uma melhor compreensão de cada Arcano, detalhamos abaixo o significado das seguintes abreviaturas:

(S.N.) — Significado nos números de cada Arcano
(S.A.) — Significados astrológicos
(L.H.) — Significados das letras hebraicas
(Nor.) — Arcano em posição normal
(Inv.) — Arcano em posição invertida

Arcanos Maiores

Os Arcanos Maiores representam 22 arquétipos, 22 aspectos cujo conjunto expressa os princípios que regem o universo e a natureza — tanto na criação como na conservação ou na destruição — e em cuja manifestação o homem enfrenta a si mesmo e aceita os desafios que as forças do destino lhe apresentam para chegar à realização do ser.

Nas palavras de Éliphas Lévi, esse desenvolvimento "... está expresso no homem como uma energia que precede outra no caminho da sua evolução, e sua progressão energética se estabelece tanto pela ordem numérica como pela representação da Cabala contida nos Arcanos Maiores".

No plano superior, os Arcanos Maiores contêm o hieróglifo que representa o Arcano, acima a Escrita Mágica e, à direita, o Alfabeto Mágico que corresponde ao número do Arcano; no centro localiza-se a representação do Mito.

No plano médio está a simbologia do Arcano com suas figuras e representações.

No plano inferior encontram-se as figuras ou representações; na margem inferior esquerda, a Associação Astrológica;

no centro, o nome do Arcano, e à direita, a Letra Hebraica e o Número Cabalístico.

1 ☉ Mago

Simbologia geral: O homem como unidade coletiva. O princípio criador e dominador da Terra. Isto é, a unidade como signo de poder e de estabilidade, origem do universo ativo. A mente consciente.

Plano superior:

É a representação de Hórus sob dois atributos. O poder de "Aquele que governa com os olhos", os quais são representados pelo Sol e pela Lua; e a sabedoria do falcão como sua manifestação, olhando para a esquerda, para o que está por começar.

Plano médio:

A figura representa o homem em seu duplo aspecto — espiritual e terreno, com uma das mãos voltada para cima, segurando o cetro que simboliza o poder, a autoridade e o comando, e a outra voltada para baixo, indicando a terra, e remetendo ao princípio universal da correspondência "Como em cima, assim embaixo; como embaixo, assim em cima", expresso no Caibalion. Ao seu lado, uma mesa com elementos cheios de significado: um vaso que indica a capacidade de conter, a espada como símbolo da justiça associada à palavra, e a moeda como poder material. Perto de seu pé está a presença protetora de Íbis, uma das representações do deus Thoth, criador do universo através da palavra.

Plano inferior:

O cubo representa a perfeição, o quaternário universal através de seus quatro elementos — água, terra, ar e fogo.

S.N.: 1 = o Princípio, o ponto de partida, a Unidade, o Poder.

S.A.: Sol em Leão: o homem criativo, humanitário, generoso, espontâneo. O pai.

L.H.: Aleph: o Homem Universal, a unidade coletiva.

Interpretação:

Nor.: Homem carismático, capaz, perseverante e voluntarioso, de mente criativa; habilidade e poder para resolver todos os problemas, domínio das coisas materiais. Boa sorte; proteção.

Inv.: Dúvidas, atrasos, demoras; apesar do seu talento e sabedoria, tem obstáculos a vencer porque não utiliza sua mente de modo adequado. Ilusionista.

2 A Sacerdotisa

Simbologia geral: A ação interior que ativa a inteligência, a sabedoria, a ciência oculta. A receptividade, o significado passivo do binário como reflexo, a Lua em sua relação com o Sol e a mulher em sua relação com o homem. A mente subconsciente.

Plano superior:

O grou como símbolo da mulher. O toucado da mulher no topo da cabeça se eleva de um plano a outro, indicando o acesso ao espiritual e aos planos superiores. A lua entre os chifres representa Hathor, deusa da fertilidade, o amor, a música e a dança.

Plano médio:

A figura representa Ísis, a divindade do céu originária do Delta. É personificada como uma mulher com seu signo hieroglífico sobre a cabeça, cuja coroa compreende o Alto e o Baixo Egito, indicando poder espiritual e material. O véu, um signo de pureza que esconde seu rosto, sugere a mãe universal como princípio feminino do cosmos. A cruz Ansada simboliza o triunfo da vida sobre a morte, vida longa, felicidade e proteção. O papiro sobre suas pernas, que cobre com o manto, representa o oculto, a sabedoria esotérica. A figura feminina tem os atributos da Autoridade e da Persuasão; sentada na entrada do Templo de Ísis, indica a passividade e a receptividade divinas. As duas colunas sugerem o acesso ao conhecimento e à perenidade. É ela que ensina o que deve ser desvelado, os segredos e a magia da ciência oculta.

Plano inferior:

As duas colunas representam os binários, o bem e o mal, o positivo e o negativo que se manifestam na natureza.

S.N.: 2 = a mente e a Mãe Divina; a receptividade; o Bem e o Mal.
S.A.: Lua em Câncer: o inconsciente; as emoções; sensibilidade; imaginação.
L.H.: Bet: iluminação; sonhos reveladores; a boca, a palavra.

Interpretação:

Nor.: Mulher culta e equilibrada, mãe ou esposa. Conhecimento esotérico. Poder mental. Psicóloga ou parapsicóloga. Pressagia nascimentos, partos que chegam a bom termo. Começos. Mulher oculta.

Inv.: Uma mulher que se descobre; mãe castradora, conflitos domésticos, instável, histérica, desequilíbrios, bloqueios, adultério, problemas em órgãos genitais, abortos.

3 A Imperatriz

Simbologia geral: O ato de criar. O desenvolvimento material da forma espiritual. A força de equilíbrio da animação universal, a multiplicidade, dando origem à humanidade e, portanto, ao mundo.

Plano superior:

Este plano está unido ao plano médio e contém poucos elementos. O vaso simboliza a matriz, o elemento receptor que abriga a vida; representa a mãe e o lar. As doze estrelas simbolizam um ciclo de vida, que podemos entender como referência ao Ano Divino egípcio. É a representação do tempo de gestação, durante o qual o espírito se une à matéria, onde o divino se faz humano por meio do canal aberto ao plano médio do homem.

Plano médio:
É a representação da deusa Ísis sem véu, a mãe na Terra, sentada sobre um cubo que indica domínio e estabilidade. Sua veste real é de cor verde, como sinal de procriação; o toucado representa uma das identificações do olho de Hórus, e o cetro que segura com a mão direita denota poder e comando. À esquerda, aparece a deusa Nekhbet, que era representada com emblemas reais, como mulher com cabeça de abutre usando a coroa Branca do Alto Egito ou "o olho do deus Sol" e é uma das divindades celestiais que oferecem proteção.

Plano inferior:
A Lua em quarto crescente, como referência ao ciclo de fecundidade da mulher, à prosperidade, ao crescimento e ao desenvolvimento.

S.N.: 3 = o Filho; a Consequência, o fruto do homem e da mulher. Trindade.

S.A.: Júpiter em Sagitário: otimismo; felicidade. Sucesso nos empreendimentos.

L.H.: Guimel: a garganta e os orifícios do corpo. Dinamismo e Vitalidade.

Interpretação:

Nor.: Símbolo de dinamismo vivo, vitalidade; autoridade e poder; a Mãe; uma mulher com conhecimentos, empregando-os com sabedoria; a matriz universal em sua ação criadora; fertilidade. Filhos, matrimônio. Nascimentos, alegria e riqueza.

Inv.: A queda da mulher, triste, deprimida ou irascível; doença psíquica ou física; divórcio, infidelidade; rompimentos. Descontrole.

4 O Imperador

Simbologia geral: Representa a imagem do princípio que dá vida ao universo como reflexo da causa primeira. Sua simbologia se expressa no ato de dominação da vontade divina, a partir da qual o universo e suas ações dão origem à criação da vida por outro ser criado, o homem e sua realização como senhor do universo. Isto é, a passagem de um mundo a outro.

Plano superior:

A mão é um símbolo de ajuda no plano espiritual. O toucado do homem é a coroa do Baixo Egito que, elevando-se a partir do plano médio, indica hierarquia e superioridade, domínio sobre as coisas materiais.

Plano médio:

O homem está ricamente vestido e leva a investidura da realeza. O cetro em sua mão simboliza poder e comando. A mão esquerda fechada expressa controle e o ato de agarrar, a força de suas decisões; o ato de dar, animar, materializar conforme sua vontade. O imperador olha para a esquerda ou para o futuro, está sentado de costas sobre um cubo, sinal de perfeição e representação do quaternário universal, que contém a imagem poderosa de Sekhmet, deusa da guerra com cabeça de leão. A postura da figura mostra o efeito da atividade relativa, originada no homem por meio da razão e da vontade, assim como indica o poder de materialização e realização.

Plano inferior:

O símbolo aparece encerrado em um cartucho que representa o poder, a riqueza e a estabilidade.

- S.N.: 4 = os quatro elementos; o Poder. Materialização e adaptação.
- S.A.: Urano em Aquário: independência; originalidade; criatividade.
- L.H.: Dalet: abundância. Nutrição.

Interpretação:

- Nor.: Vontade, autoridade e poder; riquezas; o homem mais importante na vida da consulente; um filho adulto, marido, pai, um chefe jovem. Promoções e cargos com poder.
- Inv.: O mesmo homem, porém com uma disposição diferente; colérico, intolerante, frágil, deprimido, enfermo anímica e/ou fisicamente; sem poder; perdeu dinheiro, cargo ou posição hierárquica; empecilhos.

5 O Hierarca

Simbologia geral: O alento, o sopro divino que dá vida ao homem e origem a todo ser animado. O essencial ao ser e sua diferenciação com as outras criaturas. Simboliza o princípio mediador entre os opostos, o que está entre o corpo material e o espírito divino, assim como o homem está entre Deus e a natureza. A inteligência divina, a autoridade humana e a vida natural.

Plano superior:

O símbolo sobre a margem superior esquerda indica um espaço coberto, a casa ou o lar. No centro vemos a chama da luz universal; ela expressa o princípio da luz divina como essência de todo o criado, o plano cósmico e a força espiritual.

Plano médio:

A figura de Anúbis ocupa o plano em sua totalidade. O deus das necrópoles, reconhecido também como o Senhor protetor das tumbas e dos corpos ou guardião das almas e dos segredos durante o julgamento osiriano, é representado com corpo humano e cabeça de chacal, como símbolo das forças sobrenaturais, e com cauda de animal para expressar o aspecto primitivo do homem. O bastão, colocado à esquerda da figura como sinal de atividade, simboliza o vínculo vertical entre o Céu e a Terra, indicando autoridade, comando e poder espiritual; e pode ser interpretado como uma analogia da autoridade hierárquica na Terra e a faculdade do homem para obedecer. Entre o homem primitivo e o guardião das almas no juízo divino encontra-se o essencial ao ser humano, a lei e a liberdade de acatá-la como processo necessário para sua evolução. Um caminho a percorrer entre a vida terrena e a espiritual.

Plano inferior:

A balança, representação do ato de pesar as almas no julgamento de Osíris, manifesta aqui o equilíbrio mantido por um eixo fixo, mostrando a dualidade no peso de cada prato. É a imagem da equidistância entre os princípios opostos que dão forma ao universo.

S.N.: 5 = a Mente, o homem em expansão espiritual.
S.A.: Mercúrio em Virgem: a mente concreta.
L.H.: Heh: o alento divino. Pensamento, palavra e ação. Liderança e hierarquia.

Interpretação:

Nor.: O Pai; um homem ou um chefe superior; em geral, hierarquia; proteção; ajuda, ensinamentos proveitosos; boa saúde. Médico, mestre, guia.

Inv.: A mesma pessoa, mas em queda; psíquica ou fisicamente debilitada; desequilíbrio, depressão, isolamento, doença. Equívocos; seres e coisas que se vão ou que se perdem.

6 A Indecisão

Simbologia geral: Representa as provações pelas quais o homem deve passar no caminho da evolução. O olho estabelece a ligação entre os mundos exterior e interior, revelando a luz e as formas — a beleza — à nossa consciência. A união dos contrários, o que une e separa o ser do não ser. A atração universal. O amor que reúne e a consciência de si. O autoconhecimento e a luta interior.

Plano superior:

Na margem superior esquerda encontramos a figura da serpente cornífera, um alerta contra a tentação. Atravessando o plano superior para o médio, encontramos a figura de um arqueiro com o arco retesado e pronto para disparar a flecha. Essa figura representa um anúncio ao despertar de consciência desde um ponto mais sutil, assinalando a origem da tentação, a razão da indecisão e a transcendência dos atos.

Plano médio:

Nesse plano aparecem três figuras. Uma mulher à esquerda, como imagem da virtude, outra à direita, como símbolo da luxúria. Ambas se dirigem ao jovem que está de pé e o tocam; este, com os braços cruzados, expressa suas dúvidas e a indefinição como um prolongamento da discrepância diante de duas ideias diferentes que ainda não consegue resolver — parte do seu corpo está submerso no plano inferior. Representa uma encruzilhada. A opção entre o amor puro e o sensual, como expressão de uma luta interna entre as paixões e a sua consciência. O conhecimento instintivo do que é próprio e do que é impróprio, a discriminação e o discernimento necessários para distinguir o verdadeiro do falso.

Plano inferior:

Vemos nesse plano a figura do jovem dos joelhos para baixo, como representação da imobilidade, parado diante de situações conflitantes que podem indicar perigo, submetido a provas e angústias, já que o triângulo invertido são os obstáculos a vencer.

S.N.: 6 = a Serpente; a Forma Tripla, espírito e matéria.
S.A.: Vênus em Touro: distinção e beleza. Sedução.
L.H.: Vav: o olho e o ouvido, a Lei Natural, o Bem e o Mal.

Interpretação:

Nor.: Diante de dois caminhos. Dúvidas e provações são superadas, boas escolhas. As coisas se resolvem naturalmente; jovens, amor, noivado, desejos que se realizam.

Inv.: Antagonismo de forças; desgosto; abatimento; rupturas e separações; indecisão, escolhas ruins, enganos, rompimentos, tristeza provocada por indecisão.

7 O Triunfo

Simbologia geral: A vitória sobre todos os mundos. A ideia da arma, o instrumento que o homem usa, a flecha em voo direto para vencer, dominar e realizar seus propósitos. O homem vencendo as forças elementais. Domínio da matéria. Satisfação; rapidez; viagens.

Plano superior:

Na margem superior esquerda aparece um pássaro que representa o ar, as mensagens e as viagens curtas, sinal de alegria e liberdade. A divisão dos dois planos é sobreposta pela representação de Rá — o deus Sol — em seu voo diário pelos céus de Leste a Oeste, mediante a figura do círculo, porém com asas estendidas, simbolizado como o deus alado; é a representação das viagens, da proteção e da riqueza.

Plano médio:

O carro do Sol é o arquétipo dos carros de combate, necessários para conquistar territórios; o ser um só, seu próprio corpo. É o símbolo do vencedor; o homem ricamente adornado que está nele é alguém que venceu. Representa a primeira vitória do homem sobre si mesmo, e por isso leva a coroa do Baixo Egito como sinal de poder e domínio sobre as coisas materiais; com a mão direita brande a espada, símbolo do eixo ativo da vitória, e com a mão esquerda ergue o cetro do poder que indica a harmonia entre o espírito e a matéria. É o símbolo da obra que se realiza através da vontade. As quatro colunas expressam o quaternário universal na totalidade do seu significado. O carro está em equilíbrio, e não se veem rédeas porque é conduzido pela mente, manifestando o poder do intelecto. Ocupando parte do plano inferior estão as rodas, imagem do movimento sobre o centro imóvel do seu eixo, como representação do equilíbrio necessário para avançar; nesse caso, também são uma alegoria das emoções e da necessidade de conduzi-las mantendo-se a direção.

Plano inferior:

Paradas neste plano aparecem duas divindades que olham uma para a esquerda e a outra para a direita, como símbolo da conjunção dos opostos, representando os binários, o bem e o mal na luta interior.

S.N.: 7 = número mágico; 7 notas; 7 cores. Misticismo.
S.A.: Netuno em Peixes: idealista e sensível. O oculto e misterioso.
L.H.: Zain: a flecha. Direção e triunfo; o Eleito.

Interpretação:

Nor.: Poder magnético; justiça, honrarias. Vitórias e êxitos; boa sorte; dinheiro; viagens; projetos realizados; operações vantajosas. Metas alcançadas. Músicos ou místicos.

Inv.: Atraso ou perda do que se possui; prejuízos econômicos; derrota, confusão, amargura, desonra; batalhas perdidas, perigos.

8 A Justiça

Simbologia geral: O poder equilibrador entre a conservação e a destruição das obras do homem. Da ideia desse poder emana a Justiça. O princípio da existência elemental. A consciência, a ordem e a lei.

Plano superior:

Nesse plano, os dois símbolos se unificam num conceito. À esquerda, o símbolo da placenta representa o nascimento, o começo, a matriz universal, a mãe. No centro, o emblema da divindade representado pela esfera do Sol e a pena da deusa Maat. Desse modo, a luz emitida pelo Sol produz a vida e Maat, a filha do Sol, torna real o animado. Apenas sob a lei divina da ordem cósmica o ser tem origem através dos diferentes planos.

Plano médio:

Esse plano contém a figura da deusa Maat, que encarna a verdade, a justiça, a lei e a ordem cósmica, política e social. O justo, a retidão e a moderação tanto no nível moral como no físico, que abrange a vida humana em sua totalidade. Enfeitada com todos os seus atributos, a deusa tem como toucado a pena que utiliza como contrapeso da alma humana na balança do julgamento osiriano; junto à sua mão direita está a balança, símbolo do equilíbrio móvel sobre um eixo fixo, e com a mão esquerda segura a espada, expressão da severidade da justiça. A deusa Maat está sentada sobre um trono com três degraus — os três passos prévios para ingressar no sagrado, existentes em todos os templos egípcios —, que indicam a criação e a multiplicidade, a união dos três princípios da existência consciente do homem corpo-espírito-alma, a materialização, o poder e a perfeita correspondência entre os três campos de energia do homem. É o equilíbrio em todas as suas formas.

Plano inferior:

Abrangendo o plano inferior e parte do médio, aparece a figura do uroboros, a meia esfera da serpente negra que morde a própria cauda. Essa figura é o símbolo da eternidade, da sublimação e da decantação da obra que se realiza tanto no plano mental como no físico. As serpentes representam a ressurreição para uma nova vida, e unidas aos mitos solares representam seu trânsito pelo céu e pelo mundo inferior, a totalidade do espaço e o infinito do tempo.

S.N.: 8 = a força superior do homem. A perfeição.
S.A.: Saturno em Capricórnio: lógica, prudência e tenacidade.
L.H.: Chet: a Razão; o Conhecimento. O pensamento.

Interpretação:

Nor.: Pessoa justa e equilibrada; o reto pensar; recompensas; decisão judicial favorável recebida ou a receber; papéis em ordem. Riqueza, herança. Harmonia e saúde. Advogados e juízes.

Inv.: Injustiça, desequilíbrio, egoísmo; ações ou coisas injustas; papéis confusos; decisão judicial desfavorável; ingratidão; castigo; sentenças contrárias; advogados vendidos, sofrimento.

9 O Eremita

Simbologia geral: Representa o conceito do refúgio, seguro e protegido, onde se abriga a sabedoria. A introspecção, o ato de iluminar o mundo interior. A iniciação ao mundo superior. A iluminação, o poder espiritual.

Plano superior:

O símbolo na margem superior esquerda indica o que é parte de um todo, o elo, sinal de união e força. No centro e sobre o plano seguinte, aparece o fogo de Rá, o deus Sol irradiando a energia universal que lança seus raios de luz ofuscante.

Plano médio:

Nesse plano vemos a figura do eremita caminhando para a direita. É a representação do sábio, do iniciado, do mestre esotérico, do iluminado. Os raios do Sol representam o poder divino sobre sua cabeça, iluminando sua mente. O eremita usa um manto, alegoria da proteção que o envolve. Na mão esquerda leva uma lâmpada acesa que ilumina o caminho, a lâmpada que guia o iniciado, como a luz da alma em sua busca de conhecimento. Na mão direita leva um cajado, símbolo do poder espiritual e da autoridade. À esquerda da figura, e indicando o que virá, a palmeira como símbolo do renascer e da abertura de caminhos. A esfera sob seus pés representa a superação das tentações, proclamando sua vitória pelas qualidades que o conhecimento, a sabedoria, a prudência e o silêncio conferem.

Plano inferior:

Nesse plano vemos uma esfera que representa a força conservadora da natureza, o elemento primeiro do homem, a função natural da humanidade, a conservação e a renovação contínuas, a unidade molecular.

S.N.: 9 = os 9 meses da gestação: o fruto. O iniciado.
S.A.: Marte em Áries: impulso e liberdade; ação e oposição.
L.H.: Tet: teto, refúgio, proteção, o impenetrável.

Interpretação:

Nor.: O que ilumina seu mundo interior e por isso irradia luz a outros; gênio protetor; sabedoria; capacidade intelectual; discrição; prudência. Homem que guia. Mestre. Progressos, viagens.

Inv.: Falso mestre; autoritário; intratável, neurótico; depressão, decadência, doença. Dores.

10 A Retribuição

Simbologia geral: A ideia do comando e da supremacia, e a ideia da duração e da conservação, a ação eterna do tempo. A mão do homem e o dedo indicador de Deus, a imagem da manifestação potencial do espírito, os campos de energia que movimentam a roda do destino. Novo ponto de partida, ciclos de morte e ressurreição.

Plano superior:

O símbolo das duas barras na margem superior esquerda representa a ideia do ciclo, as mudanças e as dualidades. No centro do plano superior, a figura da esfinge, o leão reclinado com cabeça humana representava o faraó como o Sol ou Harmajis, o Sol do Horizonte, o Sol da manhã e seu domínio sobre o quaternário universal, já que o corpo de leão (signo de Leão) simboliza a terra e o fogo; a cabeça de homem representa a água; e as asas, o ar.

Plano médio:

A roda representa o movimento e a imobilidade, atributos que podem aplicar-se não só à dimensão temporal, mas também à espacial, abrangendo então a ideia de cosmos. Em seu aspecto tridimensional, é a esfera, uma forma perfeita e arquetípica. Expressa o tempo percorrido num espaço, como nossa passagem pela Terra. É a roda da vida, do karma e das sucessivas reencarnações. Os raios representam as seis etapas da vida em ciclos de sete anos. À esquerda está Set, como símbolo do mal e da obscuridade em descenso. À direita está Hórus, como símbolo do bem e da luz em ascensão. O eixo é a continuação da coluna que aparece no plano inferior.

Plano inferior:

A coluna representa o equilíbrio e a perenidade; as cobras Edjo indicam proteção e simbolizam os binários; os ovos indicam o renascer e as mudanças, e representam os testículos como geradores de vida.

    S.N.: 10 = o Princípio. Novo ciclo morte-ressurreição.
    S.A.: Plutão em Escorpião: destruição e reconstrução.
    L.H.: Iod: a Compensação; o Karma, a roda do destino.

Interpretação:

    Nor.: Causa e efeito; o karma diário; boa sorte em qualquer situação; êxito em qualquer aspecto, relações afetivas, amor. Mudança na sorte, heranças, lucros, bom momento. Carta boa. Viagens.

Inv.: Má sorte ou karma a resgatar; descenso e frustração; circunstâncias negativas que se repetem; ciclo ruim, doenças sexuais. Angústia. Compasso de espera. É preciso fazer um esforço a mais para que a sorte se torne favorável.

11 A Persuasão

Simbologia geral: A ideia da força e da vitalidade. A forma operante vence sem violência, manifestando o domínio da inteligência mediante o conhecimento da verdade. A força espiritual vence a matéria. A força interior modela a resistência. O valor, o poder e o sucesso.

Plano superior:

O vaso como receptáculo indica paciência. O triângulo com seu vértice para baixo indica a emissão da força cósmica na direção do homem.

Plano médio:

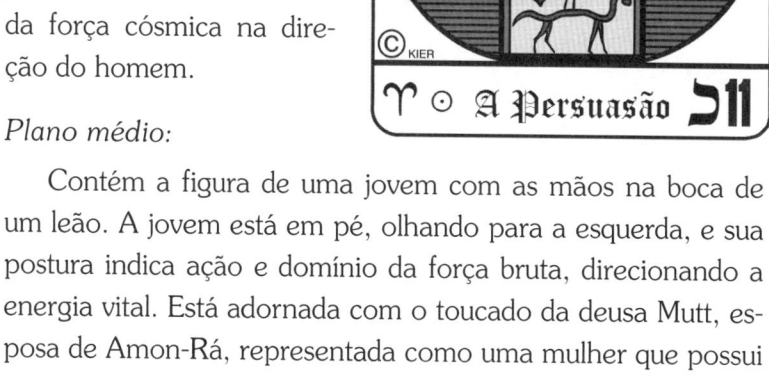

Contém a figura de uma jovem com as mãos na boca de um leão. A jovem está em pé, olhando para a esquerda, e sua postura indica ação e domínio da força bruta, direcionando a energia vital. Está adornada com o toucado da deusa Mutt, esposa de Amon-Rá, representada como uma mulher que possui grandes poderes de cura, personificando o poder e a proteção. O leão encarna os impulsos e paixões que devem ser controlados, e no que se refere ao campo de ação do homem, representa os inimigos.

Plano inferior:

No cartucho aparece a figura do falcão sobre Apopis; é a representação de Hórus dominando o Mal, o inimigo de Rá, como uma analogia do discernimento e da sabedoria sobre o pecado e a confusão.

S.N.: 11 = 1 + 1 = 2; a Sacerdotisa; as polaridades; o Bem e o Mal.
S.A.: Sol em Áries: início, vitalidade.
L.H.: Kaf: a força, o poder, o Convencimento. Sinuosidade.

Interpretação:

Nor.: Mulher com poder e convicção; saúde e fortaleza; habilidade e sedução para conseguir o que se deseja com inteligência e doçura. Força em todos os planos. Carta favorável.

Inv.: Negatividade e desarmonia. Imposição da própria vontade sem realizar os propósitos; agressividade e desvalorização; descuido no aspecto pessoal. Dor, confusão. Perdas.

12 ☉ Apostolado

Simbologia geral: A ideia de extensão e de elevação. O movimento expansivo e sua aplicação a tudo que significa ocupação e posse. A paciência que deriva da elevação, da ousadia e da disciplina e, como resultado, a submissão absoluta que o homem deve sentir durante sua elevação. O conceito da expansão divina sobre a humanidade aparece com os profetas da revelação. O sacrifício e o desapego, o amor ao próximo, o perdão.

Plano superior:

Na margem esquerda, o felino em repouso cuja cabeça de carneiro representa a imagem de Amon-Rá em atitude passiva, a paz e a tranquilidade. No centro, a circunferência e o eixo simbolizam a roda da vida, a reencarnação e a Lei de Causa e Efeito, o Karma.

Plano médio:

Pendendo do eixo do plano superior, vemos um homem pendurado com as pernas em cruz, em sinal de renúncia; as mãos soltam algumas moedas num gesto de desapego e desprendimento do material. Esse Arcano mostra a inversão da figura de sua posição natural, por isso manifesta as consequências de uma ação e de uma atitude, e a necessidade, às vezes, de mudar a ordem natural das coisas. As colunas nas laterais da figura fazem referência ao ingresso no templo, à iniciação; por outro lado, sua localização entre as duas colunas representa um lugar revelador no cosmos. O Arcano 12 contém em si, e pela soma de cada um, os 78 Arcanos do Tarô. Além disso, está relacionado com os apóstolos, o misticismo, o autossacrifício, a imolação e o amor ao próximo.

Plano inferior:

Nesse plano aparece um único símbolo central, o cartucho com a forquilha ou o tridente como sinal de dor e sofrimento.

- S.N.: 12 = 1 + 2 = 3; o Filho; a Consequência. Força espiritual.
- S.A.: Lua em Touro: ciclo de tenacidade e esforço.
- L.H.: Lamed: o Sacrifício; devoção, contemplação, entrega.

Interpretação:

- Nor.: Pessoa de espírito elevado; idealismo exagerado; fantasia; a lei da própria repressão, sacrifício necessário. Crescimento interior.
- Inv.: Falta de espiritualidade, sacrifícios inúteis, utopias, cansaço, desânimo, doença ou prisão, clausura.

13 A Imortalidade

Simbologia geral: Representa o ato realizado, a mudança como parte de um processo, o novo. O Princípio da Transformação Universal que tudo contém, a Destruição e a Criação. A negação da realização. A morte. A manifestação em sua função criadora como equilíbrio entre a morte e a força transformadora.

Plano superior:
Representa o acesso do homem ao plano espiritual. O arco de papiros expressa novidade e alegria, o ingresso no novo. O falcão (o Deus Rá — o Sol) olha para a direita, para o passado; as duas linhas que o separam do plano médio simbolizam o ocaso do dia, o fim de um ciclo, a tarefa realizada. É a evolução natural da vida num plano superior, o do espírito. A renovação liberando sua essên-

cia verdadeira por meio de uma nova forma. A transmutação dos elementos compreendida na Lei de Mutação e Mudança. Um novo tempo, o prolongamento do homem em suas obras, a purificação através da destruição e da renovação.

Plano médio:

A figura representa o ato humano de ceifar o trigo. É o homem em sua faina terrena. O agricultor como primeiro intérprete, testemunha e colaborador das forças da natureza, e as flores novas que a manifestam. A elevação do espírito à esfera divina é indicada pelo arco de papiros que surge no plano médio e se eleva até o superior; indica como o trabalho do homem atua a favor das forças da natureza, fazendo parte dos seus processos. O conceito de inércia dos processos naturais. O princípio de ação e reação, as forças da natureza e seus processos de mudança.

Plano inferior:

A gadanha, símbolo lunar que representa a mulher fecunda e formadora, o princípio da forma, como referência ao quaternário universal e à transformação da matéria. Simboliza o tempo, o efêmero da existência terrena, as forças destrutivas da natureza como parte do processo de regeneração alquímica de transição à transmutação. O corpo humano submetido ao processo de dissolução, a separação de seus componentes e aquilo que parece desintegrar-se manifestando outra forma de expressão terrena. A vida terrena transitória e mutável.

S.N.: 13 = 1 + 3 = 4; os quatro elementos. A vida natural e seus processos.

S.A.: Mercúrio em Gêmeos: transmutação.
L.H.: Mem: a mulher, a mãe. A água, a renovação.

Interpretação:

Nor.: Cortes no passado (carta favorável), transformação; boa colheita do que foi semeado; recompensas; ganhos; caminhos abertos; renovação; renascimento. Mudanças rápidas. Início do novo.

Inv.: Medo da mudança, não há ruptura com o passado (dificuldade de boas colheitas); caminhos obstruídos; barreiras. Fim de um ciclo. Aflição, dor. Lentidão.

14 A Temperança

Simbologia geral: A lei dos opostos. Transmutação alquímica, mutação e transformação. O equilíbrio de nossos campos de energia, o homem em expansão espiritual, o ser da existência individual e corporal. O resultado da ação das forças criativas e das forças destrutivas.

Plano superior:

À esquerda, o símbolo das águas primordiais, que indica nascimento e começo. No centro, o Sol de sete raios, símbolo da força vital, da inteligência e do discernimento sobre o topo da cabeça, que penetra nesse plano.

Plano médio:

O plano todo é tomado pela figura do andrógino ou anjo do tempo cósmico, vestido de azul, que representa a integração dos opostos, o ativo e o passivo, o espírito sobre a matéria e a reação da matéria sob o espírito. Essa figura, com o olhar voltado para a esquerda, mostra a ação de transvasar o líquido de uma ânfora para a outra, manifestando o ato da conservação, mantendo a plena circulação da natureza, a moderação e a justa proporção.

Plano inferior:

Nesse plano aparece a figura da cobra real — ligada aos mitos solares do trânsito do Sol pelo céu e pelo mundo inferior — sobre as flores que simbolizam a beleza, a inteligência e o amor.

    S.N.: 14 = 1 + 4 = 5. A mente; o Pentagrama Universal.
    S.A.: Júpiter em Câncer: correspondência, afeto familiar.
    L.H.: Nun: Ideia e Verbo; modelação; individualidade.

Interpretação:

    Nor.: Equilíbrio, afinidade dos opostos; paciência; tolerância; temperança; calma; estabilidade e harmonia. Carta positiva e pacífica. Saúde, aumento de peso.
    Inv.: Desequilíbrio, intolerância, frustração; indiferença; desunião ou contrariedade; falta de precisão, coisas que se vão; desordem emocional.

15 A Paixão

Simbologia geral: A dualidade, a confusão, a sombra, as tentações e o mau caminho escolhido. Representa o destino e a fatalidade, a condenação da própria natureza. Violência, engano e controvérsia como produtos do impulso descontrolado, do primitivismo e da primazia das paixões e da energia inferior. Apelo ao materialismo. Tentação e embaraços por cair em erro.

Plano superior:

À esquerda encontramos o nó, que simboliza laços, encadeamento. Ultrapassando o plano médio e como sinal da hierarquia ocupada pela figura, está a cabeça do caprino macho que olha para o passado, adornado com uma coroa de penas, representação do conhecimento empregado para o mal. Observando bem, vê-se que as penas são as mesmas que representam a deusa Maat, porém estão junto aos chifres da besta e, sobre eles, as cobras como elementos alegóricos da traição às leis divinas e da dor que isso provoca.

Plano médio:

A figura do andrógino ocupa a totalidade do plano, mostrando sua bissexualidade: com busto de mulher e cabeça de caprino macho. O cajado que segura com a mão esquerda simboliza o domínio do terreno voltado para si mesmo; a cobra na mão direita, também olhando para o passado, representa a tentação e o encantamento. A cauda do animal faz referência ao primitivo de sua personificação.

Plano inferior:

O centro desse plano está ocupado por uma pirâmide que assinala a verticalidade do eixo de uma dentro da outra, como um chamado à câmara dos mortos e à dor física.

S.N.: 15 = 1 + 5 = 6; a Serpente; a tentação. Dualidade.
S.A.: Netuno em Leão: fogo criador.
L.H.: Samech: o destino, a fatalidade e a vontade individual.

Interpretação:

Nor.: A força do desejo; malícia; paixões inferiores; pressões fortes; vícios; forças sexuais descontroladas e desmedidas; perigos.
Inv.: Separação, destruição e ruína, violência, perigo de acidentes e magia negra. Doenças do coração, pressão alta ou problemas nos órgãos genitais.

16 A Fragilidade

Simbologia geral: O triunfo com uma advertência com relação às escolhas e à dualidade. O olho de Deus que tudo vê e sua ira que atinge sem distinção a soberba, a vaidade e a arrogância do homem; referência ao efêmero e à morte, que mostra a fragilidade da própria obra. Impacto esperado ou provocado. Soberba e fragilidade.

Plano superior:

No centro do plano, a figura de um raio ou arma divina que cai perpendicularmente sobre o plano médio é a imagem da ira de Deus que destrói as obras do homem. Na margem esquerda, o símbolo das areias do deserto faz referência à temporalidade, ao passado e suas lembranças, ao efêmero do presente.

Plano médio:

Esse plano contém a figura de uma torre partida pelo raio como símbolo ambivalente do poderio construtivo e da vaidade humana; à esquerda, a queda de uma figura feminina representa a classe operária, e à direita, a queda do faraó representa a nobreza; ambos são necessários para a construção da torre, mas a ira divina destrói a ambos.

Plano inferior:

Fazendo parte do mesmo eixo, um cartucho contém as cobras — como símbolo de proteção — e os três elementos do poder representado pelas insígnias reais: o bastão, o cajado e o leque.

S.N.: 16 = 1 + 6 = 7: o triunfo e a advertência.
S.A.: Mercúrio em Virgem: mente analítica, racionalidade e observação.
L.H.: Ain: o olho de Deus, vigilância. Tempestade. Advertência, o perecível.

Interpretação:

Nor.: Crise emocional, situações difíceis, fragilidade; rupturas ou rompimentos, divórcio; perdas, sucessos imprevisíveis, era necessário chegar até aqui para começar de novo.

Inv.: Catástrofe ou destruição. Beco sem saída, cárcere ou prisão. Divórcio. Precipícios e quedas ou acidentes.

17 A Esperança

Simbologia geral: A perfeição, a força da inspiração, a boca aberta por onde o espírito se manifesta. É a força criadora da fé, a fonte divina de esperança frente ao desamparo, a luz interior que ilumina o espírito e a esperança que resplandece sobre a desilusão, o engano ou a solidão. É a tomada de consciência que chega através da meditação para estabelecer equilíbrio entre espírito e matéria. O destino se cumpriu, colheita.

Plano superior:

Na margem esquerda, a representação da criatividade através do símbolo do gradeado. No centro, a estrela de oito pontas simboliza a estabilidade em ambos os planos (4 + 4); é a estrela dos magos, a energia cósmica derramando-se sobre o plano seguinte.

Plano médio:

No centro e de joelhos, representando a subordinação às leis de Deus, uma jovem nua, como símbolo de pureza e inocência, segura em cada mão uma ânfora que derrama o líquido vivificador, os fluidos vitais que alimentam a terra e a água. Enfeitada com a coroa de penas da deusa Maat, que representa a verdade e a justiça, leva também uma flor do Nilo como símbolo da fertilidade, da beleza, da juventude e da alegria. A jovem tem um pé na água e outro na terra, sinal de equilíbrio e da integração de ambos os elementos para dar origem à vida e à natureza.

Plano inferior:

Esse plano está totalmente ocupado pelas águas inferiores que constituem os mares, os rios etc. e que recebem os fluidos para integrá-los à sua corrente. No centro, um triângulo voltado para cima, indicando o espírito, e outro para baixo, indicando a matéria, faz novamente referência ao equilíbrio.

S.N.: 17 = 1 + 7 = 8: a Força Superior do Homem. Inspiração.
S.A.: Saturno em Libra: moderação e equilíbrio.
L.H.: Pei: fé; alento. Boca aberta, manifestação do espírito.

Interpretação:

Nor.: Mulher jovem. Equilíbrio espiritual. A força criadora da fé; intuição; confiança; esperança; iluminação; mudanças positivas, criatividade, êxito, matrimônio, recompensa.

Inv.: Desesperança; desilusão; falta de confiança; ausência de expectativas; aflições; pesar, enfado; abandonos. Mulher sedutora, impaciente. Depressão, falsas promessas, exasperação.

18 O Crepúsculo

Simbologia geral: As limitações da nossa imaginação, o telhado. O obscurecimento da mente, a alteração do critério, o enganoso e a traição. A Intuição. O inconsciente, a sombra, os traumas da mente, as fantasias e os medos.

Plano superior:

À esquerda, a serpente cornífera representa as tentações. No centro aparece a figura da Lua, de cor amarela, equiparada ao plano psíquico; sua energia é visível como alimento das fantasias da mente, indicando confusão, já que não se vê com clareza; além disso, mostra a influência do exterior e os perigos.

Plano médio:

Nesse plano aparecem as polaridades através da figura de duas pirâmides, não mais monumentos funerários, mas como passagem de um mundo a outro, indicando o perigo dos rituais. As figuras dos dois chacais uivando para a Lua representam uma advertência de morte.

Plano inferior:

Nesse plano, o triângulo com vértice para baixo representa a energia negativa; ele contém a figura de um escorpião que se aproxima do plano médio, indicando traição, engano e doenças.

S.N.: 18 = 1 + 8 = 9: os 9 meses da gestação. O iniciado.
S.A.: Urano em Escorpião: o Todo. A força do inconsciente.
L.H.: Tzadi: o teto. Força serpentina; Imaginação e Magnetismo.

Interpretação:

Nor.: Instabilidade; situações incertas; impedimentos devidos a traumas e dores do passado, confusão e obscurecimento mental, medos; inimigos ocultos (talvez a própria pessoa).

Inv.: Traição; fraude; estafa; engano; assalto; despojos. Adultério. Perigos. Estados alterados, delírio. Doença grave, intoxicação.

19 A Inspiração

Simbologia geral: A criação e a fonte de energia. Tudo o que é útil ao homem. Aqui está simbolizado o segundo triunfo do homem sobre si mesmo, do fogo à luz do raciocínio, fonte de inspiração. A transição de um mundo a outro, o despertar do espírito. A união do masculino e do feminino.

Plano superior:

O hieróglifo representa o pão espiritual, a intuição. A figura do Sol representa Aton, aquele que, com raios que terminam em mãos, dá a vida e expressa poder vital e espiritual; a proteção e as bênçãos se derramam sobre as figuras do plano médio.

Plano médio:

É a representação do casal, um homem e uma mulher de mãos dadas como manifestação dos acordos, do amor e da felicidade; olhando-se nos olhos em aceitação mútua.

Plano inferior:

Envolvida pela figura do círculo — o eterno e o perfeito — aparece a imagem da vida através das flores de lótus.

S.N.: 19 = 1 + 9 = 10 = 1; o Princípio; a Fonte; o Poder e a Criação.

S.A.: Plutão em Sagitário: a Geração Universal; a transformação.

L.H.: Kof: busca misteriosa. A etapa que fica para trás.

Interpretação:

Nor.: Os processos que facilitam a união do elemento feminino com o masculino; casal; uniões; sociedades; ideias claras. Mundo artístico, triunfo e sucesso. Amor, noivado ou casamento.

Inv.: Problema de casal e possibilidade de distanciamento físico e/ou sentimental; desentendimentos e separações (definitivas ou não, conforme as cartas que estejam ao lado).

20 A Ressurreição

Simbologia geral: A mente e a espiritualidade, a passividade e a lentidão. O poder do pensamento. Ressurgir das cinzas. A ave Fênix.

Plano superior:

O símbolo da esquerda representa o olho e a boca de Deus. No centro, a deusa-ave Fênix, emblema da alma, ressurge de suas cinzas revigorada e rejuvenescida; é a representação da alma que nunca morre, a renovação de uma vida por outra.

Plano médio:

A ave que sobrevoa entre os dois planos leva em uma garra o papiro com a história do homem e na outra, seu coração, para ser pesado no julgamento de Osíris. A múmia apoiada sobre o limite do plano inferior representa a morte, a ressurreição e o renascimento.

Plano inferior:

O plano é ocupado pela figura central da coluna funerária djed como representação da eternidade, da estabilidade, da durabilidade e da ressurreição, e também da dor.

S.N.: 20 = 2 = a Mãe Divina; a espiritualidade.
S.A.: Marte em Capricórnio: mente e vibração; o oculto.
L.H.: Resh: o pensamento.

Interpretação:

Nor.: Despertar para a espiritualidade e para a realidade; fim de situações paralisantes ou paralisadas, físicas ou mentais; mudanças. Novas ações. Superação e desenvolvimento.

Inv.: Não assume a realidade; situações paralisadas ou paralisantes por falta de trabalho espiritual; aflições causadas por perdas; morte interior; caminhos cortados. Medos, dor.

21 A Transmutação

Simbologia geral: As forças espirituais em ação, a iluminação. É a flecha em voo oscilante, assinalando a transformação. A transmutação interior. A consciência cósmica. A revelação de uma nova ordem. A evolução das ideias.

Plano superior:

O símbolo das flores e dos nós representam a mão de Deus na natureza. O uroboros é o símbolo da eternidade e indica os ciclos de renovação.

Plano médio:

No limite superior, parte do uroboros cai sobre as quatro figuras que representam o quaternário universal. O touro representa a terra; o leão, o fogo, guardião da passagem do Sol; o anjo sobre o qual cai a cauda da serpente representa a água, despertar da consciência, veículo divino; e a águia, o ar, transmissor de mensagens, a elevação, o éter. Nessa altura, o plano se eleva para o seguinte. A figura da harpista — uma das personificações da deusa Maat — está de joelhos sobre a elevação do plano inferior e simboliza a inspiração, o prazer, a alegria. A harpa é uma representação alegórica da ponte que se estende entre os mundos terreno e celestial.

Plano inferior:

Esse plano tem no centro a figura dos quatro pontos cardeais, os portais da Terra elevando-se até o plano médio como representação do movimento contínuo, sincronicidade de espaço e tempo.

- S.N.: 2 + 1 = 3: o Filho; a Consequência; a Iluminação.
- S.A.: Urano em Aquário: Criatividade; Originalidade; Inovação.
- L.H.: Shin: o voo oscilante, a transformação. Mudanças criadoras.

Interpretação:

- Nor.: A pessoa controla seu destino, alegria, sucesso; trabalho bem remunerado; vitórias; desfrute, mudanças, amizades; mudanças e recompensas generosas. Autorrealização.
- Inv.: Situações negativas inesperadas, incertezas, mudanças negativas, caminhos fechados ou interrompidos, fracassos e impedimentos; situações incertas. Problemas familiares.

22 O Regresso

Simbologia geral: A perfeição, a estabilidade e a realização. O coração do homem e a alma universal. A sabedoria. A transmigração da alma. O conhecimento como expoente de todas as realidades. O retorno daquele que aprendeu a totalidade das experiências. A supraconsciência.

Plano superior:

O hieróglifo do braço estendido representa ajuda espiritual. O eclipse, como advertência, assinala as diferentes etapas ou ciclos que se sucedem no desenvolvimento do homem.

Plano médio:

Quase não há delimitações com o plano inferior, e os processos da natureza se integram com o homem; a vida, a morte e o renascimento espiritual assinalam a vitória do homem sobre si mesmo. As figuras mostram um homem ornamentado com a pele de um animal como símbolo da liberação de tudo que é primitivo e limitante de sua antiga pele; está em pé sobre um crocodilo, animal sagrado que representa os perigos a que está submetido e que é a personificação do deus Sobek, habitante dos lagos e dos rios. A parte de cima de sua cabeça está no plano superior. Com a mão esquerda segura um bastão que simboliza a sua maestria e poder espiritual. Na mão direita leva a cruz Ansada como sinal de proteção para o que há de vir.

Plano inferior:

O plano em seu todo mostra o rio Nilo, como o rio da vida com os perigos que o ameaçam.

S.N.: 22 = 2 + 2 = 4: os quatro elementos; o Poder; realização; estabilidade.

S.A.: Vênus em Peixes: harmonia total. Sensibilidade e Inspiração.

L.H.: Tav: o tórax, o coração. O Todo, a alma universal.

Interpretação:

Nor.: Retorno de uma pessoa; situações ou comportamentos que se repetem; experiências positivas, ciclo de mudanças. Inovação, os desejos podem transformar-se em realidade.

Inv.: O que se foi não volta. Inconsciência, confusão e desordem, pessoa que não analisa seus conflitos, irresponsabilidade, passividade, boemia, ignorância e isolamento.

Arcanos Menores

Os arcanos menores representam cenas da vida cotidiana, situações pelas quais o homem passa em sua experiência diária e todos os processos envolvidos no seu desenvolvimento. Essas cenas estão representadas por figuras de homens, mulheres e crianças, bem como de sacerdotes, escribas e autoridades do povo egípcio, junto aos deuses, aos animais sagrados ou à representação arquetípica de processos reveladores.

O plano superior contém as representações e os mitos dos Arcanos Maiores através da letra hebraica na margem esquerda e seu hieróglifo na parte superior, bem como a simbologia do alfabeto mágico babilônio e sua representação numérica, aplicada a diversas situações e processos naturais envolvidos na vida física.

O plano médio contém a simbologia do Arcano Menor.

No plano inferior encontram-se as figuras ou representações da natureza e de seus processos. Na margem inferior esquerda, o Planeta, o Número do Arcano Menor e, à direita, o Número Cabalístico.

Esses Arcanos, embora revelem com simplicidade fatos da vida humana, contêm as leis e os princípios que regem o universo e as forças da natureza.

Arcano 23 — O Lavrador

Simbologia geral: É a mente concreta, aplicada ao comércio e ao trabalho. A consciência prática que permite resolver os problemas entre o homem e o mundo. Indica a própria realização, semear o novo. O conhecimento baseado na experiência. Mudança que dará frutos.

Plano superior:

À esquerda a letra Heh, o que dá vida. No centro, acima, o hieróglifo que simboliza a casa, o lar. Essa simbologia corresponde ao Arcano Maior Número 5. O arco, embora esteja no plano superior, tem a cor do plano médio e sua abertura também no plano médio, motivo por que o grou representa o acesso do homem ao plano espiritual. O símbolo da direita indica o número 1, de acordo com o alfabeto mágico babilônio.

Plano médio:

A figura é a imagem do lavrador no ato de arar a terra e sua capacidade para semear e colher; o homem é o mago em seu campo de ação, a terra. O boi representa a força, o sacrifício e a paciência. As tarefas da vida cotidiana.

Plano inferior:

Os braços representam Aton, indicando ajuda e proteção, boa vontade.

S.N.: 23 = 2 + 3 = 5 = a Mente, a expansão espiritual.
S.A.: Mercúrio: Mente e Ato.

Interpretação:

Nor.: Trabalho; força de trabalho; economia organizada. Bom pai e marido. Sentido comum, proteção. Também localiza regiões geográficas rurais.

Inv.: Irresponsabilidade e desinteresse, pouco trabalho; perda de trabalho, vigor e fertilidade. Não se colhe o que se semeou. Depressão, separação. Situação transitória.

Arcano 24 — A Tecelã

Simbologia geral: Ato de tecer o próprio destino, trabalho e economia. A criação e a continuidade da vida.

Plano superior:

A letra Vav representa união e equilíbrio. O hieróglifo simboliza a atenção, a observação, a advertência. Essa simbologia corresponde ao Arcano Maior Número 6. O cartucho contém a imagem da deusa Hathor, deusa vaca e deusa do céu, da fertilidade e do amor, da música e da dança, personificada como uma mulher com chifres de vaca; o disco solar é um aspecto da deusa Ísis no ato de amamentar, que remete à sua capacidade de abrigar e dar vida. O símbolo da direita indica o número 2, de acordo com o alfabeto mágico babilônio.

Plano médio:

Nesse plano, uma mulher está tecendo, como uma manifestação da vida doméstica, do trabalho e do sacrifício. O tear representa a trama da vida, o tecido diário.

Plano inferior:

O cartucho contém a imagem dupla da dor e da alegria, a união nos processos da vida através da figura da cobra, simbolizando a eternidade e sua associação com a alegria representada pelas flores.

S.N.: 24 = 2 + 4 = 6: a Serpente; a Forma Tripla, espírito e matéria.
S.A.: Vênus; Generosidade, Amor e Alegria.

Interpretação:

Nor.: Mulher trabalhadora que cuida do lar e da honestidade; o lar; a casa da consulente; pessoa que trabalha em casa. Nascimentos, partos bem-sucedidos.

Inv.: Pessoa que trabalha fora de casa ou que a abandona; afastamento ou ausência; carência; imagem de lar desfeito. Desamor, falta de harmonia, problemas. Infidelidade.

Arcano 25 — O Argonauta

Simbologia geral: Representa aquele que enfrenta seu destino, superando os medos e as próprias limitações. Mudança de país, de cidade ou de trabalho.

Plano superior:

A letra Zain representa a espada, a vitória, o esforço dirigido à planificação. No centro, o pássaro como manifestação do ar, a viagem. Essa simbologia corresponde ao Arcano Maior Número 7. O cão Upreat, companheiro vigilante na batalha, representa a lealdade e o cuidado; e a cobra, em sinal de advertência, a sagacidade. À direita, o símbolo do número 3, de acordo com o alfabeto mágico babilônio.

Plano médio:

A figura do Argonauta navegando sobre o Nilo preenche todo o plano. A lança em sua mão direita faz parte do plano superior e expressa a força espiritual a ser desenvolvida. A pá que segura na mão esquerda e está submersa no Nilo assinala a prudência que provém da sabedoria. Sua posição em pé indica força de vontade e a capacidade de chegar ao fim da viagem; a canoa simboliza a vida no corpo físico.

Plano inferior:

Esse plano simboliza o Nilo, e os perigos que o espreitam estão submersos; o crocodilo é a figura do deus Sobek, que representa os perigos e o temor; uma serpente aquática como advertência e o cartucho em sinal de proteção, imunidade e mecanismos de defesa do organismo contra as enfermidades.

S.N.: 25 = 2 + 5 = 7: número mágico; 7 notas; 7 cores. Misticismo.
S.A.: Netuno; descoberta e aventura.

Interpretação:

Nor.: Homem que enfrenta os perigos e busca seu destino, vencedor, triunfador; viagens longas no tempo ou na distância. Dificuldades são superadas. Novos empreendimentos.

Inv.: Inimigos ocultos, atraso ou adiamento de viagens longas. Sem defesas, confusão. Algo que se perde. Introspecção. Vícios.

Arcano 26 — O Prodígio

Simbologia geral: Contemplação e assombro. Novas criações. Amor ao impossível que pode ser concretizado.

Plano superior:

A letra hebraica Chet simboliza o equilíbrio; na margem superior, a placenta representa a vida. Essa simbologia corresponde ao Arcano Maior Número 8. No centro, o mito do deus Hapi da agricultura e da prosperidade, com seios grandes, ventre saliente e plantas aquáticas na cabeça que dá origem ao Nilo. À direita, o símbolo do número 4, de acordo com o alfabeto mágico babilônio.

Plano médio:

Nesse plano a figura está diante das duas ramificações do Nilo, diante dos frutos da terra; os azuis em sinal de ilusão, representando o impossível, e o vermelho como representação do amor divino. O escriba se encontra diante de dois caminhos.

Plano inferior:

Esse plano é ocupado pelo Nilo, com a cor do perigo. No centro, elevando-se do seu plano, a figura de Sobek, o deus-crocodilo de lagos e rios, em sinal de proteção e cuidado.

S.N.: 26 = 2 + 6 = 8: a Força Superior do Homem.
S.A.: Saturno: Vontade e Recompensa.

Interpretação:

Nor.: Realização do impossível, coisas que se realizam; fatos que surpreendem; situações que parecem mágicas ou milagrosas. Ilusões e quimeras.

Inv.: Nada milagroso ou prodigioso pode acontecer (energia negativa); delírio e desconexão da realidade, as utopias e o irrealizável; falta de proteção, perigos ameaçadores.

Arcano 27 — O Inesperado

Simbologia geral: Surpresa. Desconcerto. Traição. Mau uso da inteligência.

Plano superior:

A letra hebraica Tet, que simboliza a proteção, o impenetrável, o bem e o mal. O hieróglifo representa o encadeamento diante da intuição do perigo. Essa simbologia corresponde ao Arcano Maior Número 9. No centro, a divindade que representa o juiz com a pena da deusa Maat. À direita, a representação do número 5, de acordo com o alfabeto mágico babilônio.

Plano médio:

A figura do arqueiro ocupa a totalidade do plano; indica uma ação, a concentração e o ato imprudente de disparar em direção ao futuro. A tensão do arco está relacionada matematicamente com o poder da flecha. O arco tenso representa o meio para o fluxo de energia.

Plano inferior:

Nesse plano, só aparece a figura do escorpião que se aproxima do arqueiro, o perigo à espreita, o inesperado, a traição.

S.N.: 27 = 2 + 7 = 9: os 9 meses da gestação.
S.A.: Marte; competência, agressividade, ação.

Interpretação:

Nor.: Desportista, artes marciais. Pessoa impulsiva. Surpresas; triunfos condicionados (nem sempre as surpresas são negativas). Temor, perigo de traição, embaraços ou golpes.

Inv.: Mente febril, maldade; traição, calúnias, ressentimento. Delírio, sofrimento mental. Advertência.

Arcano 28 — A Incerteza

Simbologia geral: A mente em contradição. O homem diante de um conflito existencial. Obstáculos. Atrasos.

Plano superior:

A letra hebraica Iod simboliza a manifestação potencial, a eternidade. O hieróglifo das duas barras representa as dualidades. Essa simbologia corresponde ao Arcano Maior Número 10. O círculo com a estrela negra de cinco pontas representa o mundo inferior, o conceito osírico dos mortos em luta com a ideia solar da vida. À direita, a representação do número 6, de acordo com o alfabeto mágico babilônio.

Plano médio:

A figura representa dois homens em dúvida, o homem diante da dualidade e da confusão. Por um lado, o da direita encarna o poder e o dinheiro através do símbolo do cajado e, por outro, o olho assinala o que vai ver, indicando uma saída.

Plano inferior:

A figura expressa os nós de Ísis, os genitais e a sexualidade.

S.N.: 28 = 10 = 1: o Princípio.
S.A.: Plutão: transformação. Rompimento com o passado.

Interpretação:
Nor.: A virtude humana da determinação; a pessoa não sabe que caminho seguir; incerteza; demoras; obstáculos; mistérios a solucionar. Conflitos causados por terceiros, bloqueios.
Inv.: A pessoa não vê saída ou o caminho a seguir; adultério, situação limite. Dúvida pessoal ou engano.

Arcano 29 — A Domesticidade

Simbologia geral: A vida doméstica, os filhos, o lar. Acomodar-se a uma situação. As mudanças e o processo de amadurecimento. O aprendizado cotidiano.

Plano superior:

A letra Kaf simboliza a força, o ato de reter. No centro, o hieróglifo do vaso como receptáculo indica o domínio por meio da persuasão. Essa simbologia corresponde ao Arcano Maior Número 11. No centro, a representação do escaravelho chamado Jepri, da teofania de Rá — em sua invocação ao Sol nascente, o Sol do amanhecer — em sinal de paternidade e proteção, tocando a figura do jovem. À direita, a representação do número 7, de acordo com o alfabeto mágico babilônio.

Plano médio:

A figura de um menino em crescimento: esse conceito da transformação se expressa por meio da figura do animal sagrado Oryx.

Plano inferior:

Esse plano só contém uma ânfora, remetendo novamente para o feminino e para o que contém a matriz na mulher, o lar para o menino.

S.N.: 29 = 11 = 2: a Mãe Divina; as polaridades; a Sacerdotisa.

S.A.: Lua: passividade. Sentimentos familiares.

Interpretação:

Nor.: Adaptação; docilidade; contenção; prudência; ato de concórdia; a virtude humana do domínio pela persuasão. Domesticidade, família que aumenta, ampliação da casa.

Inv.: Falta de adaptação; rebeldia; exasperação (pode ser positiva ou negativa, dependendo do que a provoca); indecisões; filhos que sofrem, família em crise, pais separados.

Arcano 30 — O Intercâmbio

Simbologia geral: Necessidade de cooperação e comunicação. Acordo entre os homens e intercâmbio de valores, ideias ou bens. Sociedade. Comércio. Crescimento individual. Progresso coletivo.

Plano superior:

A letra hebraica Lamed simboliza o sacrifício e a expansão. A figura do felino em repouso com cabeça de carneiro é a representação de Rá e expressa tranquilidade. Essa simbologia corresponde ao Arcano Maior Número 12. No centro, o cartucho encarna a proteção. À direita, a representação do número 8, conforme o alfabeto mágico babilônio.

Plano médio:

Esse plano mostra as figuras de dois homens em atitude de intercâmbio e reflete a ação da troca; a manifestação da prosperidade e da abundância em que se observam animais e frutos.

Plano inferior:

Nesse plano, a figura de dois triângulos unidos pelos vértices expressa a afinidade e a harmonia, a manifestação do acordo.

S.N.: 30 = 3: o Filho; a Consequência.
S.A.: Júpiter: sociabilidade. Conhecimento.

Interpretação:

Nor.: Expansão individual por meio da convivência comercial; intercâmbio favorável em qualquer nível; trabalho bem remunerado; contatos comerciais positivos, acordos.

Inv.: Intercâmbio ruim no nível humano e em todos os níveis; desacordos e discussões sem solução; trabalho mal remunerado, problemas. Questão trabalhista.

Arcano 31 — O Impedimento

Simbologia geral: Os obstáculos e impedimentos no desenvolvimento do homem. Promessas que não se cumprem. Pessoas ou situações que se opõem à realização dos objetivos.

Plano superior:

A letra hebraica Mem simboliza a criação e a destruição, a maternidade. Acima, a figura do falcão olhando para o passado. Essa simbologia corresponde ao Arcano Maior Número 13. No centro, a figura que representa a oferenda. À direita, a representação do número 9, conforme o alfabeto mágico babilônio.

Plano médio:

As figuras mostram um trabalho cotidiano, os incômodos de uma mãe que trabalha e dos filhos que dificultam sua tarefa. A bolsa ou saco é a representação do íntimo e pessoal; representa suas ideias, a semeadura que realiza e os conflitos que impedem a frutificação.

Plano inferior:

A figura central do Sol e da Lua sobre ele simboliza a mulher e seu domínio sobre o homem; lutas e oposições, a mente e a intuição.

S.N.: 31 = 4: os 4 elementos; o Poder.
S.A.: Urano: sucessos imprevistos, obstáculos.

Interpretação:

Nor.: Dificuldades que podem ser resolvidas; obstáculos, trabalhos domésticos; restrições; impedimentos para fazer o que se deseja; expectativas que não se realizam. Mulher que luta sozinha.

Inv.: Dificuldades e empecilhos que provocam perdas. Mudanças repentinas, pessoas estranhas que criam obstáculos.

Arcano 32 — A Magnificência

Simbologia geral: Representação da classe alta, a exibição do luxo que atrai admiração e inveja. Riquezas e prazeres.

Plano superior:

A letra hebraica Nun simboliza movimento, mudança. O hieróglifo representa a água e os fluidos primordiais, nascimentos e começos. Essa simbologia corresponde ao Arcano Maior Número 14. No centro, o mito do Deus Rá e seu trânsito pelo cosmos, representando as viagens. A cor branca simboliza a pureza. À direita, o símbolo do número 10, de acordo com o alfabeto mágico babilônio.

Plano médio:

Duas mulheres ricamente enfeitadas desfrutam do conforto; os óleos e os colares indicam abundância. Representam a realeza, o dinheiro e a prosperidade econômica.

Plano inferior:

A pata do boi representa o trabalho.

S.N.: 32 = 5: a Mente.
S.A.: Mercúrio: inteligência, habilidade comercial, comunicação.

Interpretação:

Nor.: Abundância de dinheiro, do mesmo modo que na vida, no trabalho, no amor e na amizade; conversas produtivas em nível comercial. Novos contratos ou negócios.

Inv.: Não há abundância nem proveito; não há ganhos nem vantagens financeiras. Perda de emprego, contratos não são firmados, negócios são perdidos. Casamentos por interesse. Ostentação e esbanjamento.

Arcano 33 — A Aliança

Simbologia geral: A própria realização por meio da associação no amor, no matrimônio ou nas sociedades. É o ato de comunhão por afinidade e o princípio de atração universal. O amor maduro.

Plano superior:

A letra hebraica Samech significa o fogo criativo, a atração e o movimento. O hieróglifo indica os nós e laços, os vínculos. Essa simbologia corresponde ao Arcano Maior Número 15. O cartucho no centro, contendo os nós de Ísis, representa o lar, os filhos, as relações sexuais. À direita, o símbolo do número 11, de acordo com o alfabeto mágico babilônio.

Plano médio:

Nesse plano, um casal de mãos dadas e olhando-se nos olhos simboliza a união, e tanto a mulher como o homem seguram uma cruz Ansada na outra mão, como representação de proteção e felicidade.

Plano inferior:

O triângulo invertido indica as provações que o homem deve superar no caminho da sua realização.

S.N.: 33 = 6: a Serpente, a Forma Tríplice, espírito e matéria.

S.A.: Vênus: amor, casal, pacto, união; casamento.

Interpretação:

Nor.: Aliança do casal, da sociedade; casal fértil. Casamentos e negócios bem-sucedidos.

Inv.: Término ou afastamento (definitivo ou não, dependendo das cartas que estão próximas) de casal, sociedade, amizade, trabalho etc. Contratos malfeitos, cansaço, divórcio.

Arcano 34 — A Inovação

Simbologia geral: O homem, o pensamento abstrato e as vivências de sua própria existência. A inovação para enfrentar as mudanças e os desafios. A determinação e a individualidade.

Plano superior:

A letra hebraica Ain simboliza as mudanças, a subversão, a ideia da matéria e a advertência. Acima, o hieróglifo que representa as areias do deserto e as lembranças do passado em que se acredita e o efêmero do homem. Essa simbologia corresponde ao Arcano Maior Número 16. No centro, a figura mítica do deus oleiro Jnum, com cabeça de carneiro, símbolo de poder e fertilidade, do trabalho criativo e da proteção, descendo sobre o plano do homem. À direita, o símbolo do número 12, de acordo com o alfabeto mágico babilônio.

Plano médio:

A figura do homem que busca a vitória ornado com os atributos de proteção da cruz Ansada, o cajado da autoridade e os papiros com as recomendações para seu sucesso; a cauda do felino representa o primitivo do homem que deve ficar no passado para que ele possa evoluir.

Plano inferior:

O símbolo da cobra representa a observação, o estado de alerta.

S.N.: 34 = 7: número mágico; 7 notas; 7 cores. Misticismo.
S.A.: Netuno. O místico e o profundo.

Interpretação:

Nor.: Há aberturas ou saídas como consequência de mudanças internas muito profundas; achados afortunados; novos empreendimentos; caminhos abertos à espera. Viagens, conquistas.

Inv.: Bloqueio em âmbito psicológico que impede a pessoa de encontrar saídas para seus problemas; falta de ideias; confusão; obstáculos. Traição pelo passado.

Arcano 35 — O Desconsolo

Simbologia geral: Pessoa que sofre uma perda. Crise, processos pelos quais é preciso passar. Lamento pelo doente, por quem se ama; depressão.

Plano superior:

A letra hebraica Pei simboliza a palavra, o pensamento, a imortalidade. O hieróglifo representa a esperança mesmo diante da dor. Essa simbologia corresponde ao Arcano Maior Número 17. À direita, a representação do número 13, de acordo com o alfabeto mágico babilônio.

Plano médio:

A figura da carpideira, o lado doloroso da vida, os ciclos, o tempo cumprido.

Plano inferior:

O olho que tudo vê permite-nos conhecer e conhecer-nos.

S.N.: 35 = 8: a Força Superior do Homem.
S.A.: Saturno: Sofrimento Moral.

Interpretação:
Nor.: Aflição moral; ansiedade; tristeza; melancolia; crise que é preciso enfrentar; inquietude, angústia. Problemas à vista.
Inv.: Dor. Situações-limite. Temores, perdas, somatização.

Arcano 36 — A Iniciação

Simbologia geral: Nascimento do novo, novos desafios. Sucesso em qualquer empreendimento.

Plano superior:

A letra hebraica Tzadi representa o mundo visível, magnetismo. O hieróglifo da serpente cornífera previne contra a confusão e o perigo, representação dos medos. Essa simbologia corresponde ao Arcano Maior Número 18. À direita, a representação do número 14, de acordo com o alfabeto mágico babilônio.

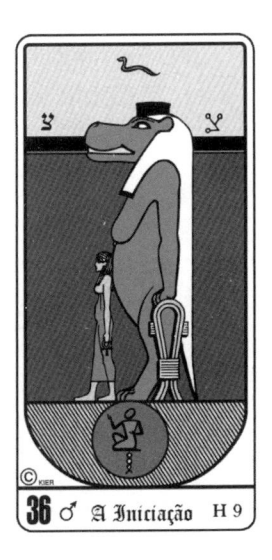

Plano médio:

Ultrapassa esse plano a deusa Tueris — a protetora dos partos — ocupando parte do plano superior; ela segura na mão o signo mágico da proteção e acompanha a mulher grávida, que representa a iniciação de uma nova vida; a mulher leva a cruz Ansada, sinal de proteção e bons presságios.

Plano inferior:

Mulher no momento do parto.

S.N.: 36 = 9: os 9 meses da gestação; o Fruto.
S.A.: Marte: energia, ação.

Interpretação:

Nor.: Vivificação; possibilidade de começar uma vida nova e agradável; começo de algo novo; nascimento; sucesso; boa sorte. Proteção.

Inv.: Empecilhos e obstáculos para começar algo novo. Confusão, desamparo, afastamentos; barreiras; parto difícil ou cesárea.

Arcano 37 — A Arte e a Ciência

Simbologia geral: Criatividade, a alma guia a mente, união com o espiritual. Evolução individual e disciplina como elemento de progresso.

Plano superior:

A letra hebraica Kof simboliza a inspiração, o oculto. O hieróglifo representa o pão espiritual, a intuição. Essa simbologia corresponde ao Arcano Maior Número 9. A figura da divindade, com a coroa do Baixo Egito, representa o trabalho para a humanidade. À direita, a representação do número 15, de acordo com o alfabeto mágico babilônio.

Plano médio:

A figura do artista ou do cientista em seu momento de criatividade.

Plano inferior:

A figura do macaco babuíno, associada ao deus Thoth, devido aos seus gritos ao amanhecer, que eram a manifestação divina de Rá e sua homenagem ao nascer do Sol; representa alegrias e inteligência.

S.N.: 37 = 10 = 1: o Princípio.
S.A.: Sol: vitalidade, criatividade.

Interpretação:

Nor.: Profissão ou estudo criativo; momentos propícios para atividades artísticas e científicas. Inspiração. Amor espiritual ou platônico.

Inv.: Afastamento ou adiamento de atividades; risco em exames; interrupção de uma carreira ou desejo de abandoná-la, informalidade, descumprimento.

Arcano 38 — A Duplicidade

Simbologia geral: Dualismo diante de determinadas situações, questionamentos morais frente à realidade.

Plano superior:

A letra hebraica Resh representa a cabeça humana, os pensamentos, a atividade psíquica. O hieróglifo que representa o olho e a boca de Deus acompanha, num cartucho, a deusa Hathor, protetora da música e dos partos, descendo sobre a mulher. Essa simbologia corresponde ao Arcano Maior Número 20. À direita, a representação do número 16, de acordo com o alfabeto mágico babilônio.

Plano médio:

A figura da mulher representa a juventude e a sensualidade. Está ornamentada com véus transparentes e uma touca com uma flor que, por sua vez, se refere à fugacidade da beleza; além disso, segura uma pena com a mão direita, representação da inteligência, e um leque com a esquerda, sinal de frivolidade e de afetação.

Plano inferior:

Esse plano contém um cartucho que simboliza as posses materiais dominando todas as outras coisas, já que está sobre a flor, que representa a sensualidade feminina e a atração.

S.N.: 38 = 11 = 2: a Mãe Divina; a Sacerdotisa.
S.A.: Lua: emotividade, flutuação; enganos.

Interpretação:

Nor.: Frivolidade, dualidade, infidelidade; desonestidade; situações dúplices (de trabalho, estudos, profissão, paixões sentimentais); deslealdade.

Inv.: Abandono da família, influência negativa.

Arcano 39 — O Testemunho

Simbologia geral: Princípio da demonstração, as obras como produto do pensamento. Ato de pôr em evidência. Herança, testamento, festa.

Plano superior:

A letra hebraica Shin simboliza a renovação e o movimento. O hieróglifo representa a alegria e a proteção. Essa simbologia corresponde ao Arcano Maior Número 21. O olho dentro do triângulo branco simboliza a visão de mundo, a observação e a censura. À direita, a representação do número 17, de acordo com o alfabeto mágico babilônio.

Plano médio:

A figura do jovem carregando um animal sobre os ombros eleva-se ao plano superior, como sinal de manifestar e de colocar algo em evidência, demonstrar, acolher; anúncios e viagens.

Plano inferior:

A figura da mão representa a atitude de dar e receber.

S.N.: 39 = 12 = 3: o Filho; a Consequência.
S.A.: Júpiter: a Verdade; a manifestação.

Interpretação:
Nor.: Ajuda em qualquer plano; chegadas previstas ou imprevistas; proteção espiritual e/ou material; a virtude humana da constatação, da prova.
Inv.: Perdas; calúnias, atos falhos. Adultério, divórcio. Necessidade de provar.

Arcano 40 — O Pressentimento

Simbologia geral: A percepção das mensagens; a faculdade de antecipar-se aos sucessos, intuição e convicção: o instinto manda.

Plano superior:

A letra hebraica Tav simboliza a renovação e o movimento; a alma universal. O hieróglifo representa a ajuda espiritual e a luz do entendimento. Essa simbologia corresponde ao Arcano Maior Número 22. As cobras dentro do círculo representam a percepção e a intuição, os dois hemisférios do cérebro. À direita, a representação do número 18, de acordo com o alfabeto mágico babilônio.

Plano médio:

A figura representa um casal fazendo um sinal de advertência diante do que pode acontecer; os dois estão na defensiva. O símbolo de Shem representa a proteção.

Plano inferior:

As figuras do Sol e da Lua dentro do cartucho representam o masculino e o feminino.

S.N.: 40 = 4: os 4 elementos; o Poder.
S.A.: Urano: destruição e renascimento.

Interpretação:

Nor.: Pessoa intuitiva; casal em situação de conflito, previsões que se cumprem; sedução de casal. Possíveis perigos.

Inv.: Confusão; dificuldade para captar o que acontece, casal em dificuldades; infidelidade.

Arcano 41 — O Desassossego

Simbologia geral: Inquietude, empecilhos e preocupações de ordem familiar ou social. Boatos, intranquilidade.

Plano superior:

A letra hebraica Aleph representa o homem universal. O hieróglifo do falcão, a quietude. Essa simbologia corresponde ao Arcano Maior Número 1. O cartucho simboliza a captação e a transmissão de dificuldades e preocupações, em busca de uma solução. À direita, a representação do número 19, de acordo com o alfabeto mágico babilônio.

Plano médio:

A representação das quatro figuras remete aos diferentes estados de ânimo de uma família, comunidade, povo ou estado, diante da inquietude e da luta cotidiana.

Plano inferior:

O vaso está emborcado, em sinal de perda; o vazio indica ausência, o que não está.

S.N.: 41 = 5 = a Mente; o Pentagrama Universal.
S.A.: Mercúrio: inquietação, remorsos.

Interpretação:

Nor.: Inquietude de ânimo; aflições; preocupação e boatos. Situação transitória. Obstáculos, crise econômica.

Inv.: Crise nervosa, maquinação, calúnias. A perda não é total, algo se resgata.

Arcano 42 — A Autoridade

Simbologia geral: Ordem hierárquica; viagem de negócios; poder.

Plano superior:

A letra hebraica Bet representa a sabedoria. O hieróglifo, a elevação espiritual. Essa simbologia corresponde ao Arcano Maior Número 2. À direita, a representação do número 20, de acordo com o alfabeto mágico babilônio.

Plano médio:

Representa a ordem hierárquica, manifestada através da obediência dos dois homens que transportam o que está sentado — faustosamente enfeitado — como símbolo de autoridade e comando. O deus alado representa a hierarquia e apresenta o disco solar com as serpentes Uraeus, em sinal de observação e como emblema do voo diário do Leste para o Oeste.

Plano inferior:

O cajado indica poder, domínio do material e dinheiro.

S.N.: 42 = 6: a Serpente; a Forma Tríplice, espírito e matéria.

S.A.: Vênus: presença, imagem pessoal; atração.

Interpretação:

Nor.: Poder, vitórias; pompa; situação brilhante ou elevada; projeção social. Alguém que chega, amor ou auxílio.

Inv.: Perda de posição social, de dinheiro, de cargos e de honrarias; queda em qualquer nível; fracassos econômicos e financeiros. Amor que vai embora.

Arcano 43 — A Ilusão

Simbologia geral: Incapacidade mental para ver a realidade. Mundo imaginário. Estados alterados de consciência.

Plano superior:

A letra hebraica Guimel simboliza o corpo e suas funções. O hieróglifo do vaso alude ao elemento que contém, às essências. Essa simbologia corresponde ao Arcano Maior Número 3. À direita, a representação do número 21, de acordo com o alfabeto mágico babilônio.

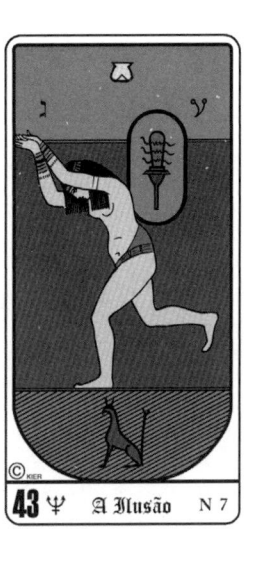

Plano médio:

O cartucho que se eleva até o plano superior simboliza um instrumento musical de comunicação e de invocação aos deuses. A mulher seminua representa uma bailarina, a dança e o estado de alienação.

Plano inferior:

A figura de Set — o deus dos infernos — simboliza a obscuridade e as tentações.

S.N.: 43 = 7: número mágico. Poder mental.
S.A: Netuno: depressão, desequilíbrio psíquico.

Interpretação:
Nor.: Mulher sedutora. Artifícios, desejo de ganhar a qualquer preço. Amor apaixonado. Tentações e enganos.
Inv.: Angústias. Situações negativas. Desencadeamento de situações lamentáveis.

Arcano 44 — O Pensamento

Simbologia geral: Ato de dar forma às ideias, clareza de raciocínio.

Plano superior:

A letra hebraica Dalet simboliza a mente brilhante. O hieróglifo manifesta a ajuda material e espiritual. Essa simbologia corresponde ao Arcano Maior Número 4. À direita, a representação do número 22, de acordo com o alfabeto mágico babilônio.

Plano médio:

A figura representa o escultor e simboliza a criação e a capacidade de realização do homem. O ato de esculpir indica o desejo, o que se quer conseguir, os pensamentos. O buril ou maço do escultor representa a dor causada pelo ato de escolher o destino.

Plano inferior:

A cabeça é uma alegoria do aspecto físico do pensamento e dos processos na construção do pensamento.

S.N.: 44 = 8: a Força Superior do Homem.
S.A.: Saturno: maturidade. Responsabilidade. Solução de problemas.

Interpretação:
Nor.: Artistas ou artesãos. Obtenção do que se deseja; projetos; remodelações; determinações; pensamentos estáveis e firmes; criatividade. Metas que se cumprem.
Inv.: Pensamentos instáveis, vagos; escasso poder de concentração; raciocínio equivocado ou negativo; perda de criatividade. Fadiga, esgotamento. Pensamentos negativos.

45 — A Regeneração

Simbologia geral: Reconstrução, a nova ordem através das próprias energias.

Plano superior:

A letra hebraica Heh representa a casa, o teto, o lar. O hieróglifo é o símbolo do alento de vida. Essa simbologia corresponde ao Arcano Maior Número 5. O cartucho que contém a coluna representa o mito de Osíris, a perenidade e o ato de regeneração; a luz sobre a obscuridade; o equilíbrio. À direita, a representação do número 1, de acordo com o alfabeto mágico babilônio.

Plano médio:

A figura encarna o faraó levantando a coluna. O faraó representa aquele que pode se levantar; a coluna representa Osíris, a energia que move o universo; as sandálias, o que conhece o caminho.

Plano inferior:

A espiga simboliza o trabalho e o dinheiro, a germinação, o fruto, a colheita.

S.N.: 45 = 9: os meses da gestação; o Fruto.
S.A.: Marte: ação, energia.

Interpretação:

Nor.: Ressurreição espiritual, rejuvenescimento físico: vigor, força para se levantar ou se afirmar, ou estabilizar uma situação ou a si mesmo.

Inv.: Não há força para estabilizar situação alguma: rupturas, abandonos; falta de vigor físico e espiritual; instabilidade. Trabalho que não chega, perda de emprego. Prejuízo.

Arcano 46 — O Patrimônio

Simbologia geral: Patrimônio ou herança cultural. O triunfo permanente.

Plano superior:

A letra hebraica Vav representa a indecisão. O hieróglifo da cobra simboliza o estado de alerta sobre os bens, a observação e o controle. Essa simbologia corresponde ao Arcano Maior Número 6. O mito do Sol com um contorno escuro representa a aflição ou o pesar, a herança com lágrimas. À direita, a representação do número 2, de acordo com o alfabeto mágico babilônio.

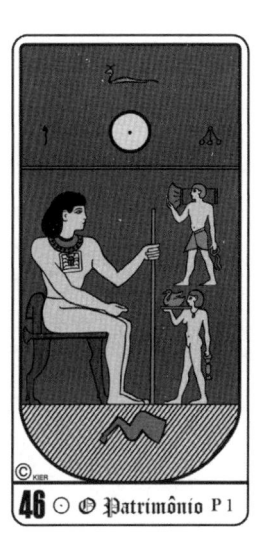

Plano médio:

As figuras representam o nobre que recebe o reconhecimento por suas obras, os presentes e o aumento do seu patrimônio. Está despido — como manifestação de seus valores éticos — e sentado, em sinal de equilíbrio e perenidade.

Plano inferior:

A figura da pata de boi simboliza o produto do trabalho, os presentes e as heranças.

S.N.: 46 = 10 = 1: o Princípio, a Unidade; o Poder.
S.A.: Sol: autoridade, propósito, valor.

Interpretação:

Nor.: Segurança econômica. Legados por amizade; herança; doações; testamentos; há a possibilidade de dois trabalhos; duas maneiras de ganhar um bom dinheiro; dois negócios.

Inv.: Perda ou atraso de papéis que dizem respeito a heranças ou legados; perigo de perder tudo e ficar sem nada. Promessas que não se cumprem.

Arcano 47 — A Conjectura

Simbologia geral: Dedução, a busca de uma saída, momento decisivo.

Plano superior:

A letra hebraica Zain simboliza o triunfo. O hieróglifo é uma alusão às viagens por terra, ar ou água, e ao recebimento de notícias. Essa simbologia corresponde ao Arcano Maior Número 7. À direita, a representação do número 3, de acordo com o alfabeto mágico babilônio.

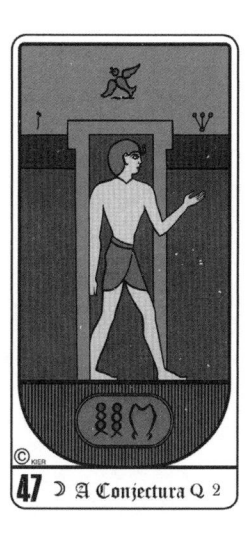

Plano médio:

O arco da porta se eleva até o plano superior, simbolizando um portal; o acesso a outros lugares ou situações. A figura do jovem mostra a ação de atravessar a porta, simbolizando a busca de uma solução.

Plano inferior:

O cartucho contém a representação das patas do escaravelho, como personificação do pai; ao seu lado esquerdo, o símbolo dos filhos pode representar gêmeos.

S.N.: 47 = 11 = 2: a Mãe Divina; o Bem e o Mal.
S.A.: Lua: sonhos. O lar, o futuro.

Interpretação:

Nor.: Estado de consciência para o livre agir; nada o prende. Mudanças, ganhos, viagens, mudança de casa ou de país.

Inv.: Não há liberdade absoluta, interna ou externa; não há maturidade nem liberdade para agir, o que resultará em aflições do espírito. Obstáculos, demoras, adiamentos.

Arcano 48 — A Consumação

Simbologia geral: A ação concluída, o irremediável. A realização do que foi planejado previamente. Ponto final de uma solução.

Plano superior:

A letra hebraica Chet representa o equilíbrio. O hieróglifo da placenta indica o renascimento para uma nova vida. Essa simbologia corresponde ao Arcano Maior Número 8. À direita, a representação do número 4, de acordo com o alfabeto mágico babilônio.

Plano médio:

O arco indica a porta de entrada da tumba, e sua expressão são as lágrimas. A figura é a personificação de Osíris, representado como um homem de barba com a coroa do Alto Egito e está envolto como uma múmia; o guardião dos mortos, indicando dor e sofrimento.

Plano inferior:

A Lua sobre o Sol indica aflições e dificuldades. Não há luz nem calor. Atenção aos processos de ordem natural que podem indicar conclusão.

S.N.: 48 = 12 = 3; a Consequência.
S.A.: Júpiter: distanciamento, ponto final.

Interpretação:

Nor.: Considerar algo como concluído, vitória com dor; realiza-se o que se deseja, depois da dor. O irremediável.
Inv.: Planos que fracassam e causam dor. Fim de um ciclo. Situações-limite.

Arcano 49 — A Versatilidade

Simbologia geral: Dualidade como impedimento para a definição. Cuidado.

Plano superior:

A letra hebraica Tet simboliza o bem e o mal, o ato de evitar o erro. O hieróglifo representa o elo como expressão da união e da força. Essa simbologia corresponde ao Arcano Maior Número 9. À direita, a representação do número 5, de acordo com o alfabeto mágico babilônio.

Plano médio:

A divindade com a investidura de um juiz é Wepwawet, aquele que abre caminhos. Hapi, responsável pelos pulmões, é o filho mumificado de Hórus, deus da agricultura e da prosperidade. É a representação do Nilo com seus dois braços, o "grande hapi" e o "pequeno hapi". Deus bem alimentado, com peito grande e ventre saliente; na cabeça, plantas aquáticas.

Plano inferior:

No centro, a entrada do templo com as duas colunas que representam a dualidade.

S.N.: 49 = 13 = 4: os 4 elementos, o quaternário universal, a adaptação.
S.A.: Urano: criatividade, opções, o novo.

Interpretação:

Nor.: Mudanças; trocas; novos afetos; bases firmes e estáveis. Pode falar de vida dupla por indefinição. Base econômica, intelectual ou afetiva.

Inv.: Pessoa mentirosa, mudança negativa; a pessoa não tem base espiritual, moral, econômica, afetiva; debilidade, vicissitudes; rivalidade amorosa. Perdas.

Arcano 50 — A Afinidade

Simbologia geral: Lei de atração universal e a reciprocidade com os semelhantes. A beleza, a alegria. O par e o ideal.

Plano superior:

A letra hebraica Iod simboliza o princípio, a manifestação. O hieróglifo que está no cartucho representa a compensação, os ciclos novos, as mudanças. Essa simbologia corresponde ao Arcano Maior Número 10. O mito está representado por Hathor, deusa vaca e deusa do céu, da fertilidade, do amor, da música e da dança, e indica proteção e alegria. À direita, a representação do número 6, de acordo com o alfabeto mágico babilônio.

Plano médio:

A figura personifica a mulher que ama a vida e pede coisas materiais. A flor representa a afinidade com pessoas ou situações.

Plano inferior:

A Lua simboliza o começo, encontros, novos caminhos.

S.N.: 50 = 5: a Mente; o Pentagrama Universal.
S.A.: Mercúrio: compreensão mental, vinculação.

Interpretação:

Nor.: Começo do que é bom; uma mulher jovem; em geral, afinidade; paixões, relações afetivas ou comerciais. Reciprocidade, encontros. Início de bons momentos.

Inv.: Afastamento, separação; perda ou afastamento de uma amiga. Bloqueio.

Arcano 51 — O Assessoramento

Simbologia geral: Aconselhar com inteligência. Prudência e inspiração. A intervenção de um conselheiro.

Plano superior:

A letra hebraica Kaf simboliza o convencimento. O hieróglifo do vaso como elemento que contém indica paciência, saber convencer. Essa simbologia corresponde ao Arcano Maior Número 11. No centro, participando dos dois planos, superior e inferior, o cartucho com a pena e a cabeça indica discernimento e clareza mental. À direita, a representação do número 7, de acordo com o alfabeto mágico babilônio.

Plano médio:

A figura representa o escriba no ato de assessorar e o consulente que lhe solicita ajuda, em atitude de súplica.

Plano inferior:

No cartucho, a representação de Upuaut, deus-lobo relacionado a Anúbis, indica lealdade e abertura.

S.N.: 51 = 6: a Serpente, a Forma Tríplice, espírito e matéria.

S.A.: Vênus: moderação, equilíbrio.

Interpretação:

Nor.: Conselho prudente; pessoa que trabalha com advogados, engenheiros, contadores etc.; assuntos judiciais. Caminho correto, lealdade.

Inv.: Aconselhamento ruim; advogados ou peritos subornados; infidelidade; não se consegue o que se propõe, traição, mau conselho.

Arcano 52 — A Premeditação

Simbologia geral: Reflexão e premeditação antes de agir. O ato de planejar que levará à realização dos propósitos.

Plano superior:

A letra hebraica Lamed representa a ênfase dada ao próprio sacrifício. O hieróglifo do felino em repouso está numa atitude aparentemente passiva. Essa simbologia corresponde ao Arcano Maior Número 12. Está sob o influxo do símbolo da ira, o sol roxo com seus raios negativos. À direita, a representação do número 8, de acordo com o alfabeto mágico babilônio.

Plano médio:

Representa a mãe, com os atributos da sedução simbolizados na nudez do torso e na flor de papiro, a inteligência e uma atitude mental dirigida pelos elementos do plano superior.

Plano inferior:

O cartucho com duas esfinges colocadas em posição oposta representa o passado e o futuro, um ponto de inflexão.

S.N.: 52 = 7: número mágico; o poder da mente.

S.A.: Netuno; Intuição.

Interpretação:

Nor.: Mulher jovem, mãe ou sogra, calculista e especulativa. Pessoa que tira proveito das experiências do passado; malícia; astúcia; premeditação. Frieza e cálculo.

Inv.: Mentiras, difamação, carta que complica, energia negativa, imaturidade; não há crescimento interior. Não se refletiu com antecedência.

Arcano 53 — O Ressentimento

Simbologia geral: Ódio impotente. Traição que causa dano moral. Veneno que necessita do equilíbrio da mente.

Plano superior:

A letra hebraica Mem é a representação da gadanha. O hieróglifo do falcão olha para a frente, ao presente. Essa simbologia corresponde ao Arcano Maior Número 13. À direita, a representação do número 9, de acordo com o alfabeto mágico babilônio.

Plano médio:

A figura é a representação da luta entre duas pessoas, dois aspectos, duas posições etc. Simboliza os inimigos, os soldados em plena luta, com insígnias, capacetes e armas para o ataque, como a lança, as espadas (pode representar também a pena ou a agressão verbal), ou para a defesa, como os escudos.

Plano inferior:

A linha grossa e escura é um sinal de dor; o braço com uma arma representa um ataque ou um ferimento causado por arma.

S.N.: 53 = 8: a Força Superior do Homem.
S.A.: Saturno: negatividade, vingança; rancor.

Interpretação:
Nor.: Ânimo ofendido; a própria defesa; rancor; cólera; imprudência; ataques; defesas; críticas; pessoa ressentida por coisas do passado; rancores.
Inv.: Ataque, guerra, assalto. Ruptura definitiva.

Arcano 54 — O Exame

Simbologia geral: Autoexame. A correspondência entre o pensamento e as ações. Estudo da situação, agir com justiça.

Plano superior:

A letra hebraica Nun em seu apelo à moderação, o fruto, o nascimento. O hieróglifo representa os atributos da inteligência e do discernimento. Essa simbologia corresponde ao Arcano Maior Número 14. A figura do Deus Thoth — escriba divino que pesava as almas quando entravam nos infernos — representado com cabeça de Íbis, ocupa os dois planos e exerce seu domínio no plano seguinte. À direita, a representação do número 10, de acordo com o alfabeto mágico babilônio.

Plano médio:

Esse plano representa o julgamento Osiriano, a pesagem das almas; à esquerda, a ânfora que contém o coração do morto; à direita, a pena da deusa Maat, representando a justiça e a argumentação. O babuíno representa a inteligência.

Plano inferior:

Esse plano encerra a figura de Ammut em atitude de expectativa; é o crocodilo-leão-hipopótamo, devorador do coração dos mortos indignos da imortalidade.

S.N.: 54 = 9: os nove meses da gestação; o Fruto.
S.A.: Marte: a observação do guerreiro.

Interpretação:

Nor.: Bons resultados em exames e análises clínicas; exames de consciência. Avaliações e julgamentos de resolução positiva.

Inv.: Especulações; não aprovação em exames; exames clínicos com resultados ruins; exames de consciência equivocados ou que prejudicam. Sentenças judiciais negativas. Impulsos destrutivos.

Arcano 55 — O Arrependimento

Simbologia geral: Arrependimento, fraqueza de espírito, reconhecimento do próprio erro. Princípio de reparação voluntária.

Plano superior:

A letra hebraica Samech simboliza o mistério. O hieróglifo do nó, dos laços, do encadeamento. Essa simbologia corresponde ao Arcano Maior Número 15. À direita, a representação do número 15, de acordo com o alfabeto mágico babilônio.

Plano médio:

A figura representa o faraó sentado em seu trono, confiscando os bens simbolizados pelo gado; as patas dos animais representam o trabalho; o prisioneiro arrependido que pede clemência está disposto a pagar. A figura da deusa-abutre Nejbet portando a coroa do Alto Egito — considerada a protetora da região do Alto Egito banhada pelo Nilo — se eleva ao plano superior e favorece o ganhador.

Plano inferior:

A imagem de uma pessoa em atitude de súplica, despojada de suas posses e bens materiais.

S.N.: 55 = 10 = 1: a Retribuição e o Princípio.
S.A.: Plutão: destruição e transformação.

Interpretação:

Nor.: Como ato de arrependimento, reconhecer o próprio erro; sentimentos de culpa; aflições do espírito; dores morais. Corrupção ou despojo.

Inv.: Não há arrependimentos nem remorsos. Castigo, anarquia, perdas, falência de empresas.

Arcano 56 — A Peregrinação

Simbologia geral: O caminho da evolução espiritual e seu percurso até chegar à sabedoria. Mudanças.

Plano superior:

A letra hebraica Ain simboliza a vigilância, o perecível, o que se perdeu. O hieróglifo das areias do deserto expressa as lembranças do passado e o efêmero do homem. Essa simbologia corresponde ao Arcano Maior Número 16. O mito de Amon-Rá em sua nave é uma representação alegórica das viagens e das mudanças pelas quais o Sol passa em seu movimento diário. À direita, a representação do número 12, de acordo com o alfabeto mágico babilônio.

Plano médio:

A figura do peregrino caminha na direção do futuro. Está vestido com a pele do felino, símbolo da experiência e da necessidade de mudar sua pele, abandonando tudo o que é primitivo e limitante, e que faz parte do passado. É uma alegoria à passagem pela própria vida.

Plano inferior:

A ânfora invertida indica as perdas, o desprendimento e o sofrimento que acompanham os processos dolorosos.

S.N.: 56 = 11 = 2: a Mãe Divina; o Bem e o Mal.
S.A.: Lua: passividade. Sentimentos familiares.

Interpretação:

Nor.: Viagens curtas: pessoa que se movimenta com frequência; viajante; timidez a ser vencida; celibato; ato de purificação interior. Busca de ajuda.

Inv.: Adiamento de viagens; desistência de viagens. Ajuda negativa. Conforme as cartas próximas, pode significar também uma "peregrinação" ou sofrimento que acaba.

Arcano 57 — A Rivalidade

Simbologia geral: Simboliza o confronto e as oposições. Competição e luta entre oponentes. Desequilíbrio.

Plano superior:

A letra hebraica Pei simboliza a imortalidade e a fé. O hieróglifo do gradeado é a manifestação da criatividade. Essa simbologia corresponde ao Arcano Maior Número 17. O cartucho representa a luta e a oposição entre o passado e o futuro; bloqueio mental. À direita, a representação do número 13, de acordo com o alfabeto mágico babilônio.

Plano médio:

As figuras representam um jogo entre oponentes: dois homens se enfrentando, um deles segura uma peça em cada mão — sinal de dualidade — e seu oponente tem as mãos levantadas em sinal de equilíbrio.

Plano inferior:

A linha grossa e preta manifesta dor e sofrimento, físico e emocional. Os braços armados, um com o gancho de ferro e o outro com o chicote, simbolizam confronto e luta entre inimigos, forte oposição.

S.N.: 57 = 12 = 3; a Consequência.
S.A.: Júpiter: soberba, confronto.

Interpretação:

Nor.: Competição entre oponentes; espírito de competição sadia; não há temor ao adversário ou rival. Superação com dor.

Inv.: Necessidade de aumentar o espírito de competição; temor ao adversário ou rival; medo da vida. Derrota, empecilhos. Repressão.

Arcano 58 — A Recapacitação

Simbologia geral: Análise e recapacitação. Introspecção.

Plano superior:

A letra hebraica Tzadi representa o magnetismo e o encantamento. O hieróglifo expressa as tentações e os impulsos, indicando confusão e perigos. Essa simbologia corresponde ao Arcano Maior Número 18. A figura do cubo simboliza a cosmovisão sustentada nos quatro elementos. À direita, a representação do número 14, de acordo com o alfabeto mágico babilônio.

Plano médio:

A figura representa uma mulher no ato de calcular e resolver; está sentada e em seus gestos se manifestam o domínio, o equilíbrio e a estabilidade dos elementos de apoio.

Plano inferior:

A pena da deusa Maat é uma alegoria da análise e do discernimento necessários frente às emoções.

S.N.: 58 = 13 = 4: os 4 elementos; o Poder.
S.A.: Urano: o novo. Estratégia para a mudança.

Interpretação:

Nor.: Pessoa que se recapacita e efetua mudanças aparentemente drásticas; esses movimentos são percebidos como abruptos, mas de fato não o são.

Inv.: Necessidade de realizar essas mudanças. Falta de capacidade para resolver os problemas. Traição e injustiça.

Arcano 59 — A Revelação

Simbologia geral: Princípio da manifestação, a declaração do oculto, o acesso ao conhecimento. Inspiração.

Plano superior:

A letra hebraica Kof representa o fogo criador. O hieróglifo representa o pão espiritual, a intuição e a inspiração. Essa simbologia corresponde ao Arcano Maior Número 19. A figura do Deus Thoth — o escriba divino com cabeça de Íbis — representa a graça e a proteção. À direita, a representação do número 15, de acordo com o alfabeto mágico babilônio.

Plano médio:

A figura personifica o jovem deus Osíris caminhando em direção ao futuro e indica o dar a conhecer algo. Ele está despido, simbolizando pureza; na mão esquerda, leva a cruz Ansada em sinal de proteção; a mão direita está levantada e o dedo na boca indica prudência. As colunas representam o Portal do Templo e seu acesso ao conhecimento.

Plano inferior:

O cartucho contém o símbolo do mensageiro. É a representação da comunicação e das notícias no âmbito do concreto.

S.N.: 59 = 14 = 5: a Mente; o Pentagrama Universal.
S.A.: Mercúrio: mensagens, comunicação; descobrimento.

Interpretação:

Nor.: O princípio de manifestação; mensagens; mensageiros; notícias; viagens; chamadas telefônicas, loquacidade, conversação; cartas; comunicação; chega algo que é esperado.

Inv.: Ausência ou falta de diálogo; não há notícias nem telefonemas, nem cartas, nem comunicação; atraso no que se espera.

Arcano 60 — A Evolução

Simbologia geral: Os processos espirituais na vida natural, a transformação e a transmutação necessárias para a evolução.

Plano superior:

A letra hebraica Resh representa o olho e a boca de Deus. No centro, a deusa-ave Fênix leva o nome do morto, simbolizando o voo da alma, a renovação de uma vida por outra. Essa simbologia corresponde ao Arcano Maior Número 20. À direita, a representação do número 16, de acordo com o alfabeto mágico babilônio.

Plano médio:

Embora apareçam duas figuras centrais, trata-se de uma trilogia de símbolos: fazendo parte do plano anterior, a Fênix simboliza a transmigração da alma; à direita, a múmia representa o fim da dor e do sofrimento; à esquerda, o homem novo, ou a ressurreição, vestida com a pele de sua nova vida e levando consigo a água da vida, os fluidos primordiais.

Plano inferior:

O cartucho representa os recursos necessários para a evolução, os processos de mutação para a ressurreição e para a nova vida.

S.N.: 60 = 6: a Serpente, a Forma Tríplice, espírito e matéria.

S.A.: Vênus: amor, beleza, harmonia.

Interpretação:

Nor.: Processo de transformação; despertar da consciência; metamorfose; boa evolução física (saúde) ou em qualquer aspecto do homem. Ajuda, saída lenta.

Inv.: Problemas de saúde; pouca ou nenhuma evolução; descuido pessoal; reveses na sorte; dor. Fim de ciclo. Perdas.

Arcano 61 — A Solidão

Simbologia geral: O recolhimento e a contemplação interior. A reflexão na solidão.

Plano superior:

A letra hebraica Shin remete ao ato de transmutar em criatividade e alegria. O hieróglifo das flores e dos nós representa a mão de Deus na natureza. Essa simbologia corresponde ao Arcano Maior Número 21. O Sol ao entardecer do dia. À direita, a representação do número 17, de acordo com o alfabeto mágico babilônio.

Plano médio:

A figura representa uma mulher diante das perdas, a aceitação dos ciclos da vida; em suas mãos está o equilíbrio; a nudez do peito mostra sua capacidade de querer; a flor do papiro na cabeça indica afinidade. Atrás dela está Nut — deusa egípcia do céu — representada com o corpo pintado de azul e incrustado de estrelas.

Plano inferior:

O círculo amarelo com o contorno preto contém as diferentes etapas da vida e indica: depressão, bloqueios, sofrimento.

S.N.: 61 = 7: número mágico; 7 notas; 7 cores. Misticismo.
S.A.: Netuno: oreligioso, o místico. Isolamento.

Interpretação:

Nor.: Mulher madura, solteira ou viúva, etapa da vida, avaliação da sua própria vida. Reflexão. Esforço concentrado; solidão; isolamento.

Inv.: Neurose, estancamento, reclusão. Recolhimento, doença de tratamento longo, internação.

Arcano 62 — O Banimento

Simbologia geral: Os atributos da autoridade moral. Expulsar o daninho e o prejudicial.

Plano superior:

A letra hebraica Tav simboliza a reintegração. O hieróglifo representa a ajuda espiritual. Essa simbologia corresponde ao Arcano Maior Número 22. À direita, a representação do número 18, de acordo com o alfabeto mágico babilônio.

Plano médio:

A figura autoritária do faraó alcança o plano superior, através da coroa do Alto e do Baixo Egito, expressando o poder e a hierarquia de seus atributos. Seu braço direito levanta o açoite, reforçando seu aspecto de dureza e repressão ao alcançar o plano espiritual; no braço esquerdo, leva a cruz Ansada para sua proteção.

Plano inferior:

O cajado é a representação do poder absoluto.

S.N.: 62 = 8: a Força Superior do Homem.
S.A.: Saturno: autoridade, poder, restrição.

Interpretação:

Nor.: Pessoa reprimida ou limitada por si mesma ou por terceiros; forças da ordem (poderia ser alguém com atitudes militares ou policiais); controvérsias.

Inv.: Castração e castigo. Repressão, desterro.

Arcano 63 — A Comunhão

Simbologia geral: União espiritual, a compenetração e o entendimento.

Plano superior:

A letra hebraica Aleph simboliza a unidade, a força espiritual. O hieróglifo do falcão como manifestação da sabedoria, da quietude e da estabilidade. Essa simbologia corresponde ao Arcano Maior Número 1. No centro, a estrela de cinco pontas indica a abertura de caminhos e a força espiritual. À direita, a representação do número 19, de acordo com o alfabeto mágico babilônio.

Plano médio:

A figura representa um casal de nobres unidos espiritualmente; ambos estão luxuosamente ornados com os símbolos da alegria e do bem-estar; estão sentados em seu domínio.

Plano inferior:

A representação da exaltação espiritual em seu aspecto vivificador.

S.N.: 63 = 9: os 9 meses da gestação, o Fruto.
S.A.: Marte: união e força.

Interpretação:
- Nor.: Afeto, ternura; intimidade; afinidade; proteção mútua; esforço por ideais comuns (seja por parte do casal ou da sociedade); união espiritual.
- Inv.: Falta de comunicação; possibilidades de desunião (não há reconciliação ou ela é adiada); frieza afetiva (temporária ou definitiva).

Arcano 64 — A Veemência

Simbologia geral: Expressão apaixonada, encolerizada, os impulsos descontrolados e o primitivismo das ações.

Plano superior:

A letra hebraica Bet representa a boca, a polaridade. O hieróglifo do grou aparece obscuro em sinal de confusão. Essa simbologia corresponde ao Arcano Maior Número 2. A figura de Set — deus dos infernos — assinala os perigos. À direita, a representação do número 20, de acordo com o alfabeto mágico babilônio.

Plano médio:

A figura representa um homem maltratando outro, indefeso; sua coroa de penas está junto aos chifres da besta e sua cauda de felino indica o primitivismo de suas ações. A coluna na cor preta indica dor.

Plano inferior:

A ave é o símbolo de Hórus; a luz e a sombra representam a polaridade e a dualidade que dão origem à ambivalência.

S.N.: 64 = 10 = 1: o Princípio, a Unidade; o Poder.
S.A.: Sol: poder, domínio.

Interpretação:

Nor.: Brigas, discussões; maus-tratos; pessoa dominadora, agressiva e violenta; perigo de agressão física.

Inv.: Ira, irritação. Dano físico ou moral. Perigos.

Arcano 65 — A Aprendizagem

Simbologia geral: Aquisição de regras e valores. A aprendizagem, o crescimento e a experiência que o conhecimento proporciona.

Plano superior:

A letra hebraica Guimel representa a mulher, a matriz, a mãe. O vaso como receptáculo simboliza o lar. Essa simbologia corresponde ao Arcano Maior Número 3. No centro aparece Anúbis — deus funerário com cabeça de chacal — símbolo de proteção. À direita, a representação do número 21, de acordo com o alfabeto mágico babilônio.

Plano médio:

A imagem mostra um pai sentado com o filho no colo, os braços envolvendo a criança com o vínculo do amor, que também manifesta equilíbrio. A cabeça do homem alcança o plano superior em sinal de autoridade.

Plano inferior:

O Sol e a Lua representam o homem e a mulher individualizados no processo de aprendizagem; é a representação do pai e da mãe concomitantes no processo da educação.

S.N.: 65 = 11 = 2: a Mãe Divina; o Bem e o Mal.
S.A.: Lua: lar, reações afetivas.

Interpretação:

Nor.: Ensinamento ou advertência; proteção de uma pessoa mais velha; boas relações entre pais e filhos. Relações afetuosas que deixam um saldo ou uma aprendizagem favorável.

Inv.: Não houve uma relação afetuosa na infância; por isso, com a falta de ensinamento, de afeto e de conselhos, não há um saldo de aprendizagem positivo.

Arcano 66 — A Perplexidade

Simbologia geral: A dualidade como origem da indecisão. A hesitação e a dúvida.

Plano superior:

A letra hebraica Dalet simboliza a abundância. A mão é um símbolo de ajuda e proteção no plano espiritual. Essa simbologia corresponde ao Arcano Maior Número 4. No centro, o símbolo do Sol sobre a Lua em quarto crescente representa o homem e a mulher. À direita, a representação do número 22, de acordo com o alfabeto mágico babilônio.

Plano médio:

A figura do deus Konzu — deus da Lua —, jovem com uma lua crescente que sustenta a lua cheia sobre a cabeça. Às vezes, era personificado com a cabeça do falcão, tinha poderes de cura e representava o hermafrodita, com seios de mulher e genitais masculinos, despido, em sinal de pureza. Na mão direita, segura a flor de papiro como sinal de alegria e, na mão esquerda, a figura do réptil, indicando dor.

Plano inferior:

O cartucho representa a dualidade, os opostos, o passado e o futuro, o dia e a noite.

S.N.: 66 = 12 = 3: o Filho; a Consequência.
S.A.: Júpiter: otimismo, prosperidade.

Interpretação:

Nor.: Ato de indecisão no momento de escolher; a virtude humana da seleção; dúvidas; surpresa; segurança e insegurança. Ambivalência. Prosperidade. Pessoas jovens alegres.

Inv.: Problemas de adolescentes com seus pais. Conflito sexual. Extrapolação de limites.

Arcano 67 — A Amizade

Simbologia geral: Amor puro, amizade perfeita. Lealdade, sentimentos honestos.

Plano superior:

A letra hebraica Heh representa o alento. O hieróglifo, um espaço coberto, a casa ou o lar, a proteção. Essa simbologia corresponde ao Arcano Maior Número 5. Sobre a linha que divide os planos está a chama da luz universal, a elevação espiritual. À direita, a representação do número 1, de acordo com o alfabeto mágico babilônio.

Plano médio:

A figura da mulher mostra sua atitude de elevação e gratidão, dirigindo o olhar à chama espiritual em correspondência ao amor.

Plano inferior:

A figura de Anúbis — deus funerário com cabeça de chacal — simboliza proteção e lealdade; cuidado, amizade.

S.N.: 67 = 13 = 4: os 4 elementos; o Poder.
S.A.: Urano: altruísmo, liberdade.

Interpretação:

Nor.: Ato de devoção no afeto; virtude de veneração; o princípio dos afetos puros; apoio de amizades; afetos devotados; lealdade.

Inv.: Ausência ou afastamento de amigos ou colegas; amiga muito fiel e devotada, que faz da amizade um culto, se afasta, está deprimida; desentendimentos, brigas. Infidelidade.

Arcano 68 — A Especulação

Simbologia geral: Ato de calcular, representa o princípio do esforço dirigido.

Plano superior:

A letra hebraica Vav representa o olho e o ouvido do homem. Sobre a margem superior, o hieróglifo da serpente cornífera, em sinal de atenção. Essa simbologia corresponde ao Arcano Maior Número 6. À direita, a representação do número 2, de acordo com o alfabeto mágico babilônio.

Plano médio:

A figura representa um pecuarista pesando o gado e o ouro. A balança está em equilíbrio, com o eixo centrado; os dois pratos estão na mesma altura, um com moedas de ouro e o outro com uma vaca, simbolizando o valor justo do trabalho e do capital.

Plano inferior:

No cartucho, aparece a figura da abelha representando o processo do trabalho, sua organização e seu resultado; inclui as atividades com animais e agropecuárias.

S.N.: 68 = 14 = 5: a Mente; o Pentagrama Universal.
S.A.: Mercúrio: negociação, habilidade comercial.

Interpretação:

Nor.: Trabalho inteligente; aprendizagem; abundância de bens materiais; cálculo acertado do que se empreende; retribuições por trabalho realizado; dinheiro que chega.

Inv.: Dinheiro que atrasa, não se recebe ou se perde; perda de bens materiais; não há abundância; pagamentos injustos por trabalhos realizados.

Arcano 69 — O Acaso

Simbologia geral: O imprevisível, mudança de rumo do destino. Os êxitos relacionados com o karma. Percorrer o caminho e os acontecimentos da vida.

Plano superior:

A letra hebraica Zain representa o triunfo misterioso, o Eleito. O hieróglifo da placenta simboliza o nascimento, o fruto, a matriz universal, o alimento. Essa simbologia corresponde ao Arcano Maior Número 7. À direita, a representação do número 3, de acordo com o alfabeto mágico babilônio.

Plano médio:

A imagem da deusa Auet — o ventre cósmico que dá origem ao mundo — arqueada sobre o homem representa o que separa o céu da terra e seu vislumbre de eternidade. A figura do jovem dentro do arco simboliza a casualidade que o contém e, no universo, a convivência do microcosmo com o macrocosmo. Caminhar com olhos cobertos com a mão direita indica que não sabe o que acontece ou que ignora sua própria sorte.

Plano inferior:

O cartucho representa o escorpião afastando-se do jovem.

S.N.: 69 = 15 = 6: a Serpente; a Forma Tríplice, espírito e matéria.
S.A.: Vênus: afinidade, atração. Acaso.

Interpretação:

Nor.: Bom momento, favorável para tudo. Conhecimento transcendente; retribuições; sucesso; desejos que se realizam; situações ou acontecimentos fortuitos benéficos.

Inv.: Aventura e vício desmedido, risco nos negócios, algo deve ser adiado para ser recebido posteriormente; deixar que o tempo cumpra seu ciclo. Imaturidade, perdas.

Arcano 70 — A Cooperação

Simbologia geral: Princípio de reciprocidade, a cooperação para realização dos propósitos.

Plano superior:

A letra hebraica Chet representa o poder equilibrador entre a conservação e a destruição. O hieróglifo do pássaro simboliza o ar, as mensagens, as viagens, em sinal de alegria e liberdade. Essa simbologia corresponde ao Arcano Maior Número 8. À direita, a representação do número 4, de acordo com o alfabeto mágico babilônio.

Plano médio:

A figura representa a urna funerária no julgamento osiriano, abrange a totalidade do plano e chega ao plano superior, representando perenidade e eternidade. Nas laterais, um de cada lado, dois homens com ferramentas de construção, restauram e medem, em função de dois princípios: da renovação e da cooperação.

Plano inferior:

No cartucho, a figura do touro e da ave, símbolo de participação e de cooperação mútua.

S.N.: 70 = 7: número mágico; misticismo.
S.A.: Netuno: sensibilidade e profundidade.

Interpretação:

Nor.: Ato de cooperação num esforço; o princípio da reciprocidade; afetos sinceros; boa colaboração entre amigos, casais, sócios, familiares.

Inv.: Falta de colaboração no trabalho; não há trabalho; amigos, sócios ou familiares que não cooperam nem se interessam pela pessoa.

Arcano 71 — A Avareza

Simbologia geral: A relação com o poder, o cálculo interesseiro, a cobiça, atitude que gera inimigos.

Plano superior:

A letra hebraica Tet simboliza o telhado, refúgio e proteção. O hieróglifo do elo indica união e força. Essa simbologia corresponde ao Arcano Maior Número 9. O símbolo do eclipse representa o obscurecimento do Sol, da energia benéfica, e a Lua recorre às sombras e ao ciclo de dificuldades para manter sua fluidez. À direita, a representação do número 5, de acordo com o alfabeto mágico babilônio.

Plano médio:

A figura representa o tesoureiro do faraó, o defensor e guardião dos tesouros no ato de verificar e contabilizar o ouro.

Plano inferior:

A ânfora como elemento que contém indica a capacidade de guardar as posses, o cofre, o tesouro. Indica o que se possui, o patrimônio, a segurança do dinheiro e sua conservação.

S.N.: 71 = 8; a Força Superior do Homem.
S.A.: Saturno: restrição, avareza.

Interpretação:

Nor.: Ato de cálculo interesseiro; ânsia por poder; princípio de prevenção; mudança; reformas dentro de casa; mudanças na estrutura mental, afetiva etc.

Inv.: Não há mudanças na estrutura mental, afetiva, material, espiritual etc. Não há mudança nem reformas na casa. Materialismo, perdas, trapaças, fraudes.

Arcano 72 — A Purificação

Simbologia geral: A depuração, a própria liberação; o ato de eliminar o negativo, o extravagante, e saldar as dívidas com o passado.

Plano superior:

A letra hebraica Iod simboliza a compensação, um ciclo bom. O hieróglifo das duas barras representa a ideia das mudanças e as dualidades em equilíbrio. Essa simbologia corresponde ao Arcano Maior Número 10. O símbolo do deus Hórus, também identificado como o deus do céu, representa a luz e a proteção ao homem. À direita, a representação do número 6, de acordo com o alfabeto mágico babilônio.

Plano médio:

A figura mostra um homem sob as águas vertidas dos cântaros; pode-se interpretar a imagem como as águas batismais e como símbolo de um arco de proteção. Está relacionada à energia do amor que purifica e à cruz Ansada que lhe dispensa proteção.

Plano inferior:

O peixe simboliza a água, a ressurreição e a vida.

S.N.: 72 = 9: os nove meses da gestação; o Fruto.
S.A.: Marte: energia e ação.

Interpretação:

Nor.: Ato depurador; a virtude humana da autopurificação; notícias boas; luz que ilumina e aquece; momento de purificação ou limpeza; paz espiritual.

Inv.: Intranquilidade espiritual; aflição de espírito; a mente está carregada e negativa. Necessidade de uma boa purificação em todos os níveis. Intoxicação. Bloqueios.

Arcano 73 — O Amor e o Desejo

Simbologia geral: A energia vital e a força unificadora que atuam na atração mútua. As forças naturais que satisfazem o próprio prazer. Namoro, paixão e harmonia.

Plano superior:

A letra hebraica Kaf simboliza o convencimento, a sinuosidade, a sedução. O hieróglifo do vaso como receptáculo indica paciência. Essa simbologia corresponde ao Arcano Maior Número 11. A figura da deusa Bastis é representada como uma mulher com cabeça de gato. Ela é considerada protetora das mulheres e das crianças, assim como a força que permite a germinação; representa o amor físico e a procriação, a fecundidade. À direita, a representação do número 7, de acordo com o alfabeto mágico babilônio.

Plano médio:

Sob influência da deusa-gata aparece a imagem de um casal com os braços entrelaçados em sinal de atração recíproca; a mulher recebe o homem em um ato de sedução; o homem leva a proteção da cruz Ansada.

Plano inferior:

O cartucho contém a flor do papiro e a cobra em alerta, que indicam beleza e feminilidade, bem como tentação e sedução, como referência ao prazer dos encontros amorosos.

S.N.: 73 = 10 = 1: o Princípio; a Unidade; o Poder.
S.A.: Sol: energia vital.

Interpretação:

Nor.: Ilusões; o casal, união definitiva ou muito importante; casal que se atrai sexualmente; carta de amantes, amor ardente.

Inv.: Não há desfrute nem ilusões; há desunião física ou sentimental (definitiva ou não, dependendo das cartas próximas). Separação, adultério, traição.

Arcano 74 — A Oferenda

Simbologia geral: Devoção, sacrifício, ajuda ao próximo com amor desinteressado. Simboliza o ato da oferenda aos deuses, à energia superior, com devoção e sinceridade.

Plano superior:

A letra hebraica Lamed simboliza o sacrifício. O hieróglifo do felino em repouso indica atitude passiva. Essa simbologia corresponde ao Arcano Maior Número 12. A figura de Amon-Rá em seu trono, com o cetro na mão esquerda e o látego na direita, representa a justiça no ato de concessão ao homem; abrange grande parte do plano médio. À direita, a representação do número 8, de acordo com o alfabeto mágico babilônio.

Plano médio:

Inclinada no nível do piso aparece a figura de uma mulher suplicante e devota, em atitude de oferecimento e humildade.

Plano inferior:

O símbolo representa a figura do juiz, a divindade com o corpo no passado e o olhar dirigido ao futuro. Essa dualidade compensadora é representada também pelo equilíbrio das cores.

S.N.: 74 = 11 = 2: a Mãe Divina; o Bem e o Mal.
S.A.: Lua: sentimentos afetivos.

Interpretação:

Nor.: Ato propiciatório e devocional; render culto ao superior; adoração; paixão amorosa; harmonia; entrega afetiva; mística; amor reverente.

Inv.: Não há amor nem entrega afetiva; não há carinho; coração aflito; discórdia; amor mal correspondido. Dor emocional.

Arcano 75 — A Generosidade

Simbologia geral: O ato de generosidade. A providência que favorece o magnânimo. O ato de adquirir e repartir.

Plano superior:

A letra hebraica Mem simboliza as mudanças e a dor. O hieróglifo do falcão, representando Hórus, olha para a frente, ao presente, ao agora. Essa simbologia corresponde ao Arcano Maior Número 13. O Sol dos doze raios, o Sol Atoniano, representa a providência que atravessa o canal aberto em direção ao homem para uma ajuda benéfica. À direita, a representação do número 9, de acordo com o alfabeto mágico babilônio.

Plano médio:

A figura do sacerdote oferece em uma bandeja os frutos da terra em sinal de gratidão pela abundância e prosperidade. Está coberto com a pele do felino, simbolizando o mestre ou aquele que aprendeu.

Plano inferior:

A figura representa o prisioneiro que recebeu as dádivas do faraó num campo fértil. Simboliza a liberdade.

S.N.: 75 = 12 = 3: o Filho; a Consequência.
S.A.: Júpiter: abundância e prosperidade.

Interpretação:

Nor.: Mudança de vida. Dádivas; ajuda espiritual; recompensa; herança sem falecimentos; sorte estável; pessoa generosa; algo que o consulente dará ou receberá, favores, alegria. Presentes.

Inv.: Pouco ou nada do anterior; não dará o que se espera dele; não receberá o que espera que lhe deem; falta de generosidade. Caminhos fechados; bloqueios. Perdas.

Arcano 76 — O Provedor

Simbologia geral: O princípio da Providência. A ação de repartir e oferecer dádivas e benefícios a quem necessita. A caridade.

Plano superior:

A letra hebraica Nun simboliza o fruto, o filho. O hieróglifo como símbolo das águas primordiais indica nascimento e começo. Essa simbologia corresponde ao Arcano Maior Número 14. A representação de Rá — o deus Sol — origem da existência com seus três raios sobre a figura do faraó simboliza a iluminação. À direita, a representação do número 10, de acordo com o alfabeto mágico babilônio.

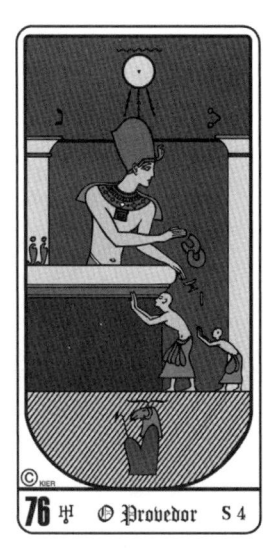

Plano médio:

A figura do faraó no ato de repartir seus bens materiais é a representação de seu atributo como o homem que dá. A coroa do Baixo Egito remete ao poder material. A figura das cobras à esquerda representa a atenção e o cuidado. Os pequenos homens agradecem e suplicam sua graça.

Plano inferior:

A imagem representa o deus oleiro Khnum — antigo deus criador com cabeça de carneiro — considerado a origem do

Nilo que moldou o corpo dos deuses e dos homens em um torno de oleiro. Em seu aspecto positivo, representa aquele que produz a própria obra, a criatividade e a fecundidade.

S.N.: 76 = 13 = 4: os 4 elementos; o Poder.
S.A.: Urano: amor universal.

Interpretação:

Nor.: Misericórdia; nobreza; celebridade; generosidade; trabalho abundante e criativo; pessoa que recebe benefícios. Produtividade. Doações. Favores. Alguém chega para ajudar.

Inv.: Falta de generosidade; egoísmo; rudeza; não há nobreza; amor insatisfeito. Adiamento, perdas. Dinheiro mal ganho.

Arcano 77 — A Desorientação

Simbologia geral: Bloqueios e confusões. Perda de rumo.

Plano superior:

A letra hebraica Samech representa o destino, o perigo. O hieróglifo do nó simboliza as amarras. Essa simbologia corresponde ao Arcano Maior Número 15. A figura do babuíno, que aparece no julgamento osiriano, indica a prevenção e o alerta por falta de discernimento; está colocado sobre a linha grossa e preta em sinal de dor e bloqueio mental. À direita, a representação do número 11, de acordo com o alfabeto mágico babilônio.

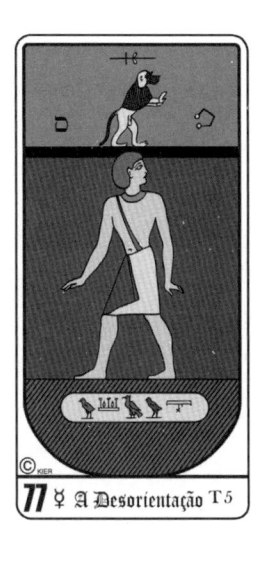

Plano médio:

A figura mostra um jovem com o corpo voltado para o futuro, mas olhando para trás, indicando demora e confusão.

Plano inferior:

O cartucho contém várias figuras que indicam os recursos disponíveis, os mecanismos necessários para prosseguir.

S.N.: 77 = 14 = 5: a Mente; o Pentagrama Universal.
S.A.: Mercúrio: indecisão, confusão de ideias.

Interpretação:
Nor.: A virtude humana de reconhecer e refletir; situações embaraçosas; obstáculos imprevistos; confusão de ideias; desorientação. Bloqueios, confusão. Necessidade de ajuda.

Inv.: Mente perturbada, esgotamento, amnésia, obstáculos imprevistos. Notícias ruins.

Arcano 78 — O Renascimento

Simbologia geral: Evolução, transformação nos diferentes planos de consciência. O princípio da evolução material, o crescimento-conservação-degeneração.

Plano superior:

A letra hebraica Ain representa a obra, a matéria, as mudanças. O hieróglifo das areias do deserto simboliza as lembranças do passado, a experiência. Essa simbologia corresponde ao Arcano Maior Número 16. A deusa Bab representa a história do homem em voo, a alma, a consciência cósmica. À direita, a representação do número 12, de acordo com o alfabeto mágico babilônio.

Plano médio:

A figura representa o homem bebendo as águas do conhecimento, aprendendo sem soberba, já que conhece a fragilidade de suas obras; a planta florescida como leque indica as mudanças na mente, e a rosa, o amor revelado.

Plano inferior:

A múmia indica a morte, a semente dolorosa e o renascimento para uma nova vida.

S.N.: 78 = 15 = 6: a Serpente; a Forma Tríplice, espírito e matéria.
S.A.: Vênus: amor, vida, harmonia.

Interpretação:

Nor.: O princípio da evolução natural; êxtase; alegria pura, vida nova; satisfações morais e materiais; ressurgimento de situações negativas porque se recebe amor. Vitória, triunfo.

Inv.: Não há evolução, nem alegria, nem satisfação de nenhuma espécie; tristeza; solidão; depressão. A pessoa não pode ressurgir porque não recebe afeto. Instante anterior à mudança. Compasso de espera.

Consagração dos Arcanos

Ao receber as informações contidas nos Arcanos do Tarô, a pessoa percorre um caminho individual de evolução espiritual. Esse caminho é próprio de cada um e tem relação direta com a memória da alma, motivo pelo qual os Arcanos farão sua manifestação correspondente no decurso de uma aprendizagem continuada.

Para que esse percurso se efetue de maneira equilibrada e harmoniosa, recomenda-se a realização de um curso com um mestre ou mestra, pois essa orientação facilita o conhecimento e a elaboração arquetípica em seu aprendizado progressivo e abertura de consciência. Essa tarefa espiritual deve ser acompanhada de meditação, respeito e cuidado com relação ao que nos é revelado, para uma melhor assimilação e evolução.

Para isso, as cartas devem ser consagradas. Num momento do dia que considerar mais adequado, encontrando-se você em um estado de harmonia pessoal e dedicação absoluta a essa tarefa, acenda um incenso, pegue o baralho e espalhe todas as cartas sobre um tecido branco. Depois de meditar durante sete minutos, recolha as cartas, envolva o baralho em tecido violeta e guarde-o em uma caixa de madeira, num lugar limpo e especial, protegido durante sete dias.

Passado esse período, você pode usar as cartas, tratando-as sempre com todo o cuidado. É importante saber que assim que você começar a manipular as cartas, produz-se um movimento de energias de vibração diferente.

As cartas devem ser mantidas limpas de toda energia absorvida durante a manipulação dos consulentes e mesmo do praticante. Por isso, é recomendável passá-las pela fumaça de um incenso ou defumador depois de cada leitura.

A consulta deve ser conduzida com responsabilidade; as informações transmitidas ao consulente são confidenciais.

Como Realizar as Leituras

O praticante entrega o baralho ao consulente, com as cartas ordenadas de 1 a 78 e com a figura voltada para baixo. Em seguida, adota um dos seguintes procedimentos:

1. Pede ao consulente que, sem levantar o baralho, misture as cartas com as duas mãos; em seguida, também sem levantá-las, ele deve juntar o baralho e aproximá-lo do praticante. Mantendo as cartas voltadas para baixo, o praticante pede ao consulente que, com a mão esquerda, divida o baralho em três partes na direção da sua esquerda; o praticante vira cada parte (como se fossem folhas de um livro) e lê em sequência, não carta a carta, os significados, que representam o aqui e o agora do consulente. Em seguida, refaz os montinhos com a figura para baixo e coloca o primeiro sobre o terceiro e o segundo sobre o primeiro. Feito isso, ele começa a tirada das cartas. A cada virada ou tirada, não esquecer de levar em consideração todas as cartas para obter um panorama geral, fazendo assim a leitura em sequência.

2. Pede ao consulente que, sem virar o baralho, divida as cartas em três pequenos montes da esquerda para a direita; em seguida, ele junta todas as cartas, com a figura voltada para baixo, num único monte. Depois, o praticante pega o maço e num único movimento, em linha reta e da direita para a esquerda, estende as cartas o mais perto possível do consulente, de maneira que todas fiquem visíveis. O consulente pega uma a uma a quantidade de cartas indicada pelo praticante de acordo com uma das disposições a seguir.

Disposição em Cruz Celta

Depois de misturar as cartas e dividir o baralho em três grupos, como faz habitualmente depois de montar o maço, o praticante começa a tirar as cartas (sempre com a figura para baixo) em forma de cruz; cinco cartas da esquerda para a direita, na horizontal; depois oito cartas, de cima para baixo, na vertical, cruzando a horizontal em ângulo reto, completando treze cartas. A leitura é feita nesta sequência: cartas 1 e 2, passado; carta 3, presente ou momento atual; cartas 4 e 5, o que se opõe (se são boas, nada se opõe); cartas 6 e 7 (acima), expectativas e esperanças; cartas de 8 a 13, futuro.

Disposição do Sete Mágico

As extremidades dessa estrela imaginária de seis pontas representam seis estágios: passado, presente, futuro imediato; a posição 4 é a advertência ou ajuda; a posição 5 é o ambiente familiar, social, profissional etc., e a posição 6 é o que se opõe (se a carta é positiva, nada se opõe).

A posição 7, no centro, é o resultado obtido, segundo a reação do consulente, pelas influências simbolizadas pelas cartas anteriores e conselhos do praticante, para que se movimente de foram positiva e harmonize sua vida. Sobre o resultado caem as duas últimas cartas do baralho.

Disposição para o sim e o não

Para obter respostas rápidas SIM, NÃO ou NEUTRO (talvez, quem sabe) para determinadas perguntas, uma vez misturadas as cartas, elas são separadas em três pequenos montes e em seguida reunidas novamente. O praticante pergunta ao consulente se quer fazer a pergunta com três, cinco, sete ou nove cartas; seja qual for a quantidade, coloca todas horizontalmente, da direita para a esquerda, com a figura voltada para baixo. Quando a maioria das cartas está na posição normal, a resposta é SIM; quando a maioria está na posição invertida, a resposta é NÃO.

Bibliografia

Bucheli, E., *El Poder Oculto de Los Números*. 1998. Ed. Kier.

Budge, Wallis, *El Libro Egipcio de los Muertos*. 2002. Ed. Kier. [*O Livro Egípcio dos Mortos*, Editora Pensamento, SP, 1985.]

Budge, Wallis, *Jeroglíficos Egipcios*. 2000. Ed. Humanitas.

Chevallier, *Diccionario de Símbolos*. 1997. Herder.

Cirlot, *Diccionario de Símbolos*. 1995. Ed. Siruela.

Hall, Manly P., *Lo que la Sabiduría Antigua espera de sus Discípulos*. 1996. Ed. Kier.

Iglesias Janeiro, J., *La Cábala de Predicción*. 2003. Ed. Kier.

Jung, Carl G., *Arquetipos y inconsciente colectivo*. 2004. Ed. Paidós.

Kaplan, Stuart, *El Tarot*. 2000. Ed. Kier.

Lévi, Éliphas, *Dogma y ritual de alta magia*. 2004. Ed. Kier. [*Dogma e Ritual da Alta Magia*, Editora Pensamento, SP, 1971.]

Morel, H., *Diccionario de Mitología Egipcia y del Medio Oriente*.

Papus — Gerard Encausse, *Tratado elemental sobre la ciencia oculta*. 2003. Ed. Kier. [*Tratado Elementar de Magia Prática*, Editora Pensamento, SP, 1979.]

Tres Iniciados, *El Kybalion*. 2005. Ed. Kier. [*O Caibalion*, Editora Pensamento, SP, 1978.]

GRUPO EDITORIAL PENSAMENTO

O Grupo Editorial Pensamento é formado por quatro selos:
Pensamento, Cultrix, Seoman e Jangada.

Para saber mais sobre os títulos e autores do Grupo
visite o site: www.grupopensamento.com.br

Acompanhe também nossas redes sociais e fique por dentro dos próximos lançamentos, conteúdos exclusivos, eventos, promoções e sorteios.

editoracultrix
editorajangada
editoraseoman
grupoeditorialpensamento

Em caso de dúvidas, estamos prontos para ajudar:
atendimento@grupopensamento.com.br

GRUPO EDITORIAL PENSAMENTO